Carlos Amigó
Quiero conocer mejor a Dios

Documento/217

Carlos Amigó
Arzobispo de Sevilla

Quiero conocer mejor a Dios

Planeta

COLECCIÓN DOCUMENTO
Dirección: Rafael Borràs Betriu
Consejo de Redacción: María Teresa Arbó, Marcel Plans, Carlos Pujol y Xavier Vilaró

Editorial Planeta, S. A., Córcega, 273-277, 08008 Barcelona (España)
Diseño colección de Hans Romberg
Ilustración cubierta: detalle del fresco «La creación», obra de Miguel Ángel, Capilla Sixtina, Roma (realización de Jordi Royo)
Primera edición: abril de 1987
Depósito legal: B. 13.924-1987
ISBN 84-320-4402-4
Printed in Spain - Impreso en España
Talleres Gráficos «Duplex, S. A.», Ciudad de la Asunción, 26-D, 08030 Barcelona

Índice

Introducción

Quiero conocer mejor a Dios, ¿qué debo hacer?

—¡Váyase usted al desierto!

Y no sabemos si la respuesta es fórmula nueva para enviarle a uno lejos, o fina manera de tomarnos el pelo.

Nos hemos confundido de siglo. Hace muchos años, hacia el trescientos y pico, esto era lo que se estilaba: la gente se iba al desierto. La ciudad resultaba inhabitable para quienes buscaban sinceramente a Dios.

Hoy no tienen que ir al desierto más que aquellos a quienes Dios se lo pida. Los demás podremos encontrarnos con Dios a la vuelta de cualquier pensamiento, en lo más íntimo y personal, en lo más cotidiano y exterior, y hasta en lo insólito e inesperado. Intentaremos ver a Dios. No es difícil, con tal que se lleven muy abiertos los ojos de la bondad.

No le vamos a cansar a usted con argumentaciones filosóficas, ni grandes discursos apologéticos. Es posible y deseable que después de leer este libro busque otros más profundos sobre la verdad y el misterio de Dios. Las páginas que siguen son como una conversa-

ción entre amigos sobre temas y verdades fundamentales relacionados con la fe, la misa del domingo o el cáncer de... que le va a llevar con Dios antes de tres semanas.

Hablaremos de Dios desde las cosas de Dios. Es muy difícil que nos podamos entender con otro lenguaje. Será como un diálogo a tres bandas: Dios, tú y Dios. Sí, naturalmente, Dios al principio y al final. Que si no le tuvieras ya contigo, aunque un poco olvidado, no le buscarías:

—Si te parece, vamos a rezar un padrenuestro por el hombre de la gasolinera.

Hacía pocos días que le habían matado junto al surtidor. Cada vez que pasaba por la estación de servicio recordaba al buen hombre y rezaba por él. Ese día había recogido en el coche a un soldado que hacía autostop. Invité al muchacho a rezar conmigo.

Al llegar al final del viaje, el soldado se despide:

—Muchas gracias por traerme en su coche y, sobre todo, por el padrenuestro. El señor muerto en la gasolinera era mi padre.

Quiero conocer mejor a Dios, ¿qué debo hacer?: dejarte querer por Dios. Y Dios puede aparecer en el momento más inesperado.

1. ¡Cómo tiene el cuello ese señor!

Unas extrañas pretensiones: las de engañar a Dios. Igual que en el conocido mito del aprendiz de brujo, el intento no solamente resulta fallido, sino que la pretensión del autoengaño no hace otra cosa que abrir más el vacío de Dios en el alma. Y hay autoengaños para todos los gustos. La mayor parte de ellos no han nacido de la sinceridad, sino de la vanidad y del acomodo a lo que *cae* bien en el ambiente. Las ilógicas y conocidas frases —«soy creyente, pero no practicante», «creo en Dios, pero a mi manera», «creo en el amor, en el pueblo...»— apenas significan algo. Se utilizan como escapatorias para eludir situaciones que pueden resultar embarazosas y seguir manteniendo la figura ante los potencialmente impresionables y descreídos contertulios. Hay que dar una imagen de modernidad o, simplemente, explicar la incoherencia del que ha sido sorprendido por sus *bases* en prácticas religiosas vetadas por la ideología al caso.

En esas distinciones imposibles se descuartiza la fe. Porque la fe implica una forma de vivir, una *praxis,* un comportamiento, unas actitudes, un modo determinado de existencia. En ese extraño intento de engañar a Dios se recurre a fórmulas sutiles y pseudoconvincentes. Son mecanismos urdidos en defensa de inconfesables intereses o simples refugios personales.

Una de encuestas. La mayor parte de la población se confiesa creyente y católica. Solamente una parte mínima de los encuestados —tan católicos ellos— va a misa los domingos. Son los que se definen creyentes, pero no practicantes. Y se le sigue preguntando:

—¿Reza usted?

—Todos los días.

—¿Qué tipo de formación ética o religiosa ha elegido para sus hijos?

—La religión católica.

—¿Por qué no asiste a misa el domingo?

—Pues mire usted, sinceramente, por pereza, porque me aburro, porque me voy a pasar el día en el campo, porque he perdido la costumbre, porque no me gustan las misas de ahora ni cómo hablan los curas, por no ver a fulano, que me estomaga, por...

La conclusión y perfil de este señor son claros: este señor es creyente, practicante y perezoso; creyente, practicante y sin interés por comprender su religión; creyente, practicante y...

Tiene una fe evasiva, miedosa, teme al compromiso de creer, a la coherencia, a la lealtad de tener que vivir la fe en medio de una comunidad cristiana. Una fe laica que puede morir completamente por falta de caridad, por ritualismo, por cansancio en representar siempre la misma farsa.

No va a ser la fe un *vademecum,* un manual para aprender a resolver, en diez días y sin esfuerzo, los problemas que plantea la misma existencia humana.

Cuando la ciencia no tiene ya respuesta que dar a los interrogantes de este mundo, comienza la fe a aclarar muchos misterios. ¿Por qué siguen, entonces, los interrogantes, las cuestiones sin explicar, las sinrazones que atormentan a los hombres? ¿Por qué continúan abiertos esos problemas, esos misterios? La solución, en las próximas páginas. Como anticipo puede recordarse la anécdota del orador que quería demostrar la inutilidad del cristianismo para solucionar los problemas de la humanidad, a pesar de los dos mil años de existencia. Entre el auditorio, uno que levanta la voz para decir: también el agua existe desde hace miles de años y ¿se han fijado ustedes cómo tiene el cuello ese buen señor?

Primer consejo: no dejarse engañar por los incrédulos. Dicen que no tienen fe, pero lo que desean es que en lugar de creer a Dios se les crea a ellos. No hagas caso a Dios, házmelo a mí que te digo que no hay Dios, porque yo soy Dios. Y lo sé todo. Una cosa, por otra parte, es no creer en Dios, y otra muy distinta, expresar el deseo de creer, de tener *razones* que justifiquen y aclaren la fe.

A Pablo de Tarso se le cayó de los ojos una especie de escamas y recobró la vista. Comenzó a ver a Dios. Igual le ha pasado a mucha gente. Tienen escamas en el corazón y en la mente. Solamente la fe da vida a los sentidos y les hace percibir aquello que antes, aun palpándolo con la mano, no lo alcanzan. Es necesario conocer la táctica para recorrer el camino: mirar las estrellas. No cambian su disposición en el firmamento; son siempre guía segura para el navegante, porque en el agua es muy difícil hacer caminos. A veces, las nubes no dejan verlas y los hombres se ayudan de otros instrumentos para saber dónde están esas estrellas que a simple vista no se ven.

Todo esto no es más que un ejemplo para irnos aproximando a los contenidos de la fe. Aquello que es el objeto de lo que creemos. Las verdades fundamentales son incuestionables. En cambio, el conocimiento que nosotros tenemos de ellas es progresivo. Lo que ayer no entendíamos, mañana puede ser fácil admitirlo. Es lo que algunos teólogos llaman la revelación constitutiva —el contenido de la fe— y la revelación explicativa, es decir, el grado de conocimiento que vamos adquiriendo por el estudio, por la investigación, por la ayuda que Dios nos facilita.

No cierre usted los ojos, que entonces no verá nada. Lo que sí debe hacer es ponerse sobre ellos una venda, la venda de la fe, pues es remedio eficaz para contemplar estupendamente lo que está cerca y hasta lo invisible. Esa venda no es un obstáculo opaco, sino una luz que se proyecta sobre aquello a lo que uno dirige la mirada. Como el reflector que utilizan los médicos para explorar, para ver allí donde no se puede ver a simple vista.

Si decimos que la fe es obedecer a Dios, habrá que dar unas explicaciones. No se trata de una disposición reglamentaria y disciplinar y observar unas reglas de juego, como si Dios fuera un monitor deportivo que va marcando, a ritmo de silbato, las distintas posiciones que deben adoptar los hombres en esa gran tabla de gimnasia que puede ser la vida sobre la tierra. La fe nace del convencimiento de que Dios puede hablar, de que Dios ha hablado, que su palabra es verdadera, exacta, luminosa, certera, extraordinariamente buena para ayudar al hombre a ser hombre auténtico. Es colocarse en la perspectiva, en el punto de mira de Dios y verlo todo como El lo ve. Es dejarse seducir por Dios y querer y cuidar a la creación como El la quiere y la gobierna: con sabiduría y amor.

Ahora bien, por mucho que se adoctrine y se mentalice a un hombre, no se va a convertir en oráculo de Delfos, que todo lo sabía y a todo respondía. Con la fe, el hombre continúa siendo hombre limitado sin tener en su mano la solución de todos los problemas, pero sí la seguridad y la certeza de aquello que admitimos como revelado, como reconocido por nuestra fe. Con la fe encuentra el hombre la respuesta que necesita para tantos y tan variados interrogantes, despeja muchas incógnitas, pero no dando un conocimiento positivo, sino científico, es decir: basado en una ciencia especial, la del conocimiento de Dios.

Es un regalo de Dios. Un don que no se pierde aunque el hombre caiga en pecado, pero la fe se debilita hasta la inactividad cuando no hay coherencia entre lo que se cree y la práctica consecuente en la vida privada y pública. Al ser la fe una declaración de fidelidad, de amistad constante entre Dios y el hombre, se entiende perfectamente que hay una exigencia de lealtad. Yo seré tu Dios, dice el Señor. Y tú serás mi pueblo. Es la alianza. Dios se compromete a guiar, a iluminar, a dar la fuerza y los alimentos necesarios. El hombre seguirá el camino con fidelidad a Dios.

Muchas veces la fe se presenta como un problema de aceptación. No aguantamos a los demás. Ni el mundo en que vivimos, ni a Dios. Es decir, que no aceptamos nuestra condición de ser hombres y de tener que vivir entre los hombres. No tiene mala cura esa situación de rebeldía. Porque el hombre, a pesar de tantos pesares, tiene solamente un talón de Aquiles, que es el punto débil. Todo lo demás es fortaleza. El lado débil lo ponemos nosotros. La fortaleza, Dios.

El desamor a las cosas y a las personas, la desconfianza hacia quienes están cerca, produce inseguridad y resignación negativa. Por el contrario, el esfuerzo en *sacar* de todo lo que pasa por las manos, o por los ojos, el gramo de esperanza y de gozo que lleva dentro produce una visión, no pesimista y evasiva de la realidad, sino el conocimiento verdadero. No es que haya un lado bueno y un lado malo y nos hayamos apuntado al primero, es que solamente hay una realidad, aunque diversas perspectivas. Y, con la fe, nos colocamos del lado de Dios, desde el que Dios ve esa misma realidad. Y es imposible que Dios se equivoque en sus apreciaciones.

Piense el amable lector que es importante colocarse en ese punto de mira, pero no basta. Hay que ser consecuente con lo que desde allí se ve: conformar la vida con la imagen que de esa misma vida se recibe por la fe. Hay que mantener el pacto, la alianza: yo, dice Dios, iluminaré el camino, pero es para que lo sigas. Es el testimonio cristiano. Una forma de pensar, de actuar, de comportamiento público, testimonial.

Como es adhesión, no a unas ideas, sino a Dios, la fe ha de llevar siempre la conducta testificante de la grandeza y de la lealtad de Dios. Dios es incuestionable. Su bondad y su grandeza están más allá de cualquier discusión.

También en este caso sucede al revés: son más las nueces que el ruido y, como en el relato poético, hay que estar bien atento a fin de que el estrépito del árbol al caer no impida escuchar el maravilloso sonido que hace todo el bosque que crece.

Se piensa equivocadamente que la fe es como un tremendo reto a la capacidad de aguantar el absurdo, lo incomprensible, el misterio. La fe ayuda a vivir y a comprender. Sus misterios no son enigmas, sino fuentes de donde sacar motivaciones para dar respuestas a cuestiones fundamentales de la existencia y para llevar una conducta acorde con la fe. Pero hay que repetirlo: la fe es un regalo que hace Dios a los hombres. Unos aceptan ese don y otros lo rechazan. Porque la aceptación es libre. La fe no se impone, se ofrece.

Hay que repartir. Si tienes fe, tendrás que compartirla con los otros hombres. Si es luz, no pretendas ponerla debajo del baúl, del celemín. Se puede apagar. Hay que ponerla bien en alto para que se vea y pueda iluminar. Que cuanto más se gaste en iluminar, más viva estará la llama.

La fuente, el manantial es Dios, que ha hablado en Jesucristo. Sólo El tiene palabras de vida eterna: palabras seguras, que ayudan, que salvan. Además, El ha prometido estar siempre al lado del creyente. Hasta el final.

Y el creyente recibe y agradece el bien de la fe. Consciente de su debilidad se atreve a confesar y pedir: Señor, creo, pero aumenta mi fe.

2. Sólo Dios es Dios

Me gustaría ver a Dios. Y preguntarle muchas cosas. Aunque, mejor pensado, como no creo en Dios, la pretensión de hablar con El no pasa de ser una fantasía inútil. Será mejor no pensar en ello y vivir, seguir viviendo. Sí, decididamente, me gustaría ver a Dios. Hasta parece que creo en El. No en ese Dios que predica la Iglesia, ni al que reza la beata de San Gil, ni el que utilizan los guerrilleros o los políticos o los curas para justificar lo que a mí me resulta injustificable. Mi Dios es distinto. Es un Dios para mí solo y a mi gusto.

No crees en Dios y pretendes hablar con El y que dé explicaciones. No te gusta Dios y deseas creer en El. Es el problema de siempre. Estamos como atrapados por la existencia, por la presencia de Dios. Dios es lo más íntimo, lo más personal y lo que sobrepasa todos los límites. No se trata de creer o no creer. Es que ese tema, dices, no me interesa. Pero es que a Dios le interesas tú y no te va a dejar solo. Te va a pasar como a aquel amigo mío que dice que no cree en Dios más que por la noche. Sí, por la noche. Dios está completamente ausente de su vida, de sus ideas y de su conducta diaria. Eso sí, ni una sola noche se acuesta sin rezar sus oraciones, sin acordarse de Dios. Su Dios es un Dios para el último saludo antes de dormir.

A lo mejor, al decir que sólo creía en Dios por la noche, tú has pensado en otra noche distinta. No la del día solar, sino la noche del alma, la noche oscura: cuando llega el momento del aprieto, de la angustia, de la enfermedad, de las estrecheces del dinero, de la soledad o el disgusto. Y viene la llamada: Señor, échame una mano, que me ahogo, que me hundo. Creo en Dios, pero sólo cuando es de noche.

Te advierto que mucha gente ha encontrado a Dios después de su noche particular. Para unos, los menos, fue una crisis de pensamiento, entre fe y razón, de ideas. Los más hallaron a Dios por el camino de la vida junto a sus hermanos, con los hombres; pero todos, todos, encontraron a Dios porque Dios se hizo el encontradizo con ellos.

Es que hemos sido creados para Dios, para llenar la vida con algo grande, y nuestro espíritu está inquieto, desasosegado, como nervioso. Tranquilidad y paz vienen del encuentro con Dios. Es lo de San Agustín: nos has hecho, Señor, para ti, y nuestro corazón está inquieto hasta que descanse en ti.

Ver a Dios. A Dios *se le ve* con los oídos del corazón. No es una frase. Es que para creer en Dios hay que oírle, escuchar su palabra; pero como esa palabra la dice El mismo, no se puede apreciar, no se puede ver y detectar sino por el hombre abierto a la verdad y en disposición de acatamiento. No sólo es reconocer la categoría de creíble, sino admitir que puede haber un lenguaje distinto del utilizado por el hombre para descubrir las realidades inmediatas. ¡Es que nadie ha visto a Dios! Porque Dios es distinto, pero real. Si sólo creemos en la existencia de aquello que palpamos de forma inmediata, ¿para qué seguir investigando, tratando de descifrar nuevos misterios, *revelando,* poniendo a plena luz lo que estaba escondido? Dios se revela, se manifiesta, se da a conocer. Con un lenguaje, en un sistema de comunicación que solamente puede captar un receptor adecuado: el hombre que acepta su condición de ser-hombre; inteligente, pero limitado; racional, pero sin exclusivismos positivistas.

Hay otra barrera que dificulta la visión de Dios. Es que conocerle compromete la propia existencia. Se vive bastante bien sin Dios, puedes pensar. Es más, Dios se presenta casi como un potencial enemigo: como haga caso a Dios estoy perdido. Mi vida se va a empequeñecer, volverán los miedos y los tabúes. ¡Adiós, libertad, adiós, que he vuelto a creer! Y, además, es cierto. Adiós, libertad, que ha llegado Dios. Porque la libertad sin vida, sin un hombre que sea libre, no existe nada más que en los tratados de filosofía. Para ser hombre libre hay que amar apasionadamente la verdad, conocer la verdad. El conflicto no está entre mi libertad y la existencia de Dios, sino entre dos personas: Dios que es Dios y el hombre que no quiere ser hombre, descaradamente libre. Dios no es algo, sino Alguien. No es un concepto. Es la verdad. Es Dios.

Conocemos poco a Dios, así que hablamos muy poco de El, a pesar de que está tan cerca del hombre, del mundo y de las cosas. Es lo más íntimo y lo más exterior de la realidad personal del hombre.

Vamos a hacer un retrato de Dios. Para ello necesitamos ir recogiendo las huellas que ha dejado a su paso por el mundo, porque, como sabes, el mundo salió un día en las manos de Dios. El lo hizo a su estilo. Y el hombre a su imagen. Así que es creador.

Todo lo bueno que encuentres te puede hablar de cómo es Dios. Solamente hay que perfeccionarlo hasta donde llegue la imaginación: bueno, santo, lleno de amor, cerca de la creación, en El vivimos, y nos movemos, y existimos. Lo llena todo, pero como lo transciende todo, nuestras experiencias son siempre un camino limitado, nada más que aproximaciones. El, en cambio, lo sabe todo, vive desde siempre y para siempre, no cambia. Es Padre y Señor.

Un concilio, el Vaticano I, hizo este retrato: «hay un solo Dios verdadero y vivo, creador y Señor del cielo y de la tierra, todopoderoso, eterno, inmenso, incomprensible, infinito en su entendimiento y voluntad y en toda perfección».

¿No has comprendido a Dios? Será porque a Dios hay que comenzar queriéndole. Y sólo después, tratar de comprenderle. Es que Dios es diferente.

Hemos entrado en la sala de los retratos. El que hemos visto es el auténtico, como un autorretrato: Dios visto por Dios. Ahora vamos a contemplar unas interpretaciones hechas por los hombres. Verás qué diferencia. Hay retratos en los que Dios está irreconocible. Confunden al hombre con Dios. Quieren hacer un superhombre y le matan, le deshumanizan. No llega ni a ser una parodia de Dios. Otros intérpretes han querido hacer un Dios para ellos solos, le rezan y pintan a su manera, a su capricho, no tienen en cuenta las reglas del arte de la revelación y el retrato no llega ni a caricatura.

Algunos pintores han intentado esa fórmula nueva del sucedáneo: esoterismo, superstición, formas religiosas extravagantes. A esta gente le falta práctica, no leen la Biblia, no rezan, les falta alimento.

Una advertencia: no hagamos mucho caso al mundo presente, con sus egoísmos y soberbias, si es que queremos comprender a Dios. Así que, atendiendo al consejo, otro grupo de artistas, ciertamente inspirados, se han sentado en sus taburetes y meditan. El lienzo está en blanco. Es que piensan que lo importante no es saber cómo es Dios, sino cómo amar a Dios. Dicen que a Dios no se puede llegar caminando, sino amando.

Cosas de hermanos. Esaú y Jacob no se llevaban bien. Lo de la herencia y otras envidias. Para congraciarse con su hermano y porque se lo mandaba Dios, Jacob da el primer paso. De nuevo se abrazan los hermanos. Y Jacob le dice a su hermano: ver la simpatía de tu cara es como ver el rostro de Dios.

Tendremos que valernos de las amistades a fin de que nos presenten a Dios. Los amigos que harán este oficio pueden ser: la creación, la bondad de las acciones de los hombres, la Biblia, la razón, la conciencia, Cristo.

El cielo pregona la grandeza de Dios. Y la tierra. Y los hombres. Y todo habla de Dios... cuando a uno se le ha metido Dios en los adentros y ya todo lo ve con los ojos de Dios.

Es que tu rostro benévolo me ha hecho ver la cara de Dios. ¿No te has fijado en la cara de las personas que hacen el bien? Recuerdo el susto tan tremendo que nos dio aquel muchacho. Creíamos que se moría. Lo llevamos urgentemente al hospital y llamamos a su padre. Vivía en un pueblo a diez kilómetros. Colgó el teléfono y, tiempo después, llegó junto a su hijo. Sudoroso, jadeante. Había corrido diez kilómetros. No podía esperar al único autobús del día siguiente. En la cara de este hombre, que no era precisamente un niño, era tan fácil ver el amor de un Padre...

¿Y por qué no habla Dios? Sus palabras se han recogido en la Biblia. Aunque este libro más que decirnos cómo es Dios, nos indica cómo hacer para llegar a Dios.

A fuerza de razones y razones va a ser un poco difícil de que llegues hasta Dios. No es que la razón se oponga al conocimiento de Dios. Es que utilizada como instrumento desencajado de la totalidad personal del hombre, no sirve para acercarse a la verdad. También hay una especie de ezquizofrenia cognoscitiva. De esto Pascal sabía mucho. Y por eso dijo que el corazón también tenía sus razones aunque no las comprendiera la cabeza. Dios, ciertamente, no es exclusiva de los tontos, pero los listos pueden pasarse por confundir el camino. En cambio, si se encuentra bien el sendero, Dios aparece en la cumbre del hacer intelectual.

Un ejercicio práctico. Cierra los ojos. Y medita. Algo te ha hablado de Dios. Es que la conciencia, como un maestro interior, va también adoctrinando. No te preocupes, que no vamos a caer en el intimismo, en lo exclusivamente subjetivo. Pero es que todo ayuda. Aunque nada de ello sea Dios. Sólo Dios es Dios.

De Jesucristo ya hablaremos. Pero te anticipo que es el mejor, el amigo imprescindible para conocer a Dios. Es el único que lo ha visto de cerca.

Moisés, cuando quiso ver a Dios tuvo que quitarse los zapatos. Parece ser que solamente con los pies descalzos puede uno acercarse a Dios. Vestido de soberbia o de orgullo, de autosuficiencia o de prejuicios, es difícil caminar por un campo de tanta bondad. Los humildes y los sencillos lo ven en seguida. Es que tienen los ojos y el corazón muy limpios.

Un aparte para el ateísmo y para los agnósticos. Seguro que te cuesta mucho trabajo comprender el mal que se ha cebado en esa pobre criatura: paralítico, siempre en cochecillo de inválido, sin poder corretear como lo hacen los otros niños de su edad, disminuido mental... Y así para todos los días de su existencia terrena. Su madre es incansable. Le lleva a todos los sitios. Le pone en primera fila. Ha pasado por todos los médicos. Su hijo es lo mejor de su vida.

Yo no comprendo la desgracia de ese niño, pero no me cuesta trabajo alguno comprender el amor de esa madre.

Dios es amor. No me humilla creer en Dios. Lucharemos contra el mal con todas las fuerzas, porque, incuestionablemente, creemos en la posibilidad del bien.

3. Rizar el rizo

Un misterio de los gordos. Y, además, puede pensar alguien, un quebradero de cabeza inútil, una forma de rizar más el rizo de la ya complicada idea de Dios. ¿Es tan importante para la vida cristiana creer en el misterio de la Santísima Trinidad? Nos bautizamos en el nombre del Padre y del Hijo y del Espíritu Santo. En las acciones de la Iglesia se invoca al Padre, al Hijo y al Espíritu Santo. Cristo se encarnó por obra del Espíritu Santo. Fue enviado por el Padre. Es Hijo de Dios. Más que un misterio útil es una verdad imprescindible, es el misterio de Dios en sí mismo, lo más básico y elemental de la fe cristiana. Imposible de comprender, pero verdad sublime, fácil y gozosa en la que se puede vivir.

Sí, piensas, se puede vivir, pero como entontecido y alienado en una credulidad ingenua y fantástica. Que el misterio sobrepase los límites de la evidencia positiva y experimental, no es vejación para la inteligencia humana, sino luz estimulante para abrirse a las posibilidades de aceptar que existan conocimientos que necesiten otras vías para conseguir la verdad. Uno de esos conocimientos es el relativo al misterio de la Santísima Trinidad, al que no se puede llegar por el discurso racionalista, sino por el camino del honor de Dios, de su palabra. Dios se manifiesta, se descubre, se presenta, se revela ante los hombres tal como es El mismo.

Analogías, ejemplos, semejanzas y comparaciones llenan los libros de catequesis intentando explicar el misterio de la Trinidad. Una mano con varios y distintos dedos, la misma fuente con un número de caños, el árbol y las ramas, el triángulo, el trébol... ¿Para qué empeñarse? Es distinto, sobrepasa cualquier imaginación que siempre ha de partir, para construir la idea, de los elementos sensibles que suministran los sentidos. Aunque tampoco se vaya a pensar que el misterio, al no poderlo comparar con nada de lo que vemos, haya de reducirse a un contenido meramente abstracto, imaginario, producto de la fantasía. Las acciones de Dios, trino y uno, son muy concretas. Y si por el fruto se conoce el árbol, por las acciones que Dios realiza se puede llegar a la aceptación del misterio de Dios en sí mismo, el misterio de la Santísima Trinidad: un solo Dios y tres personas distintas, que son el Padre, el Hijo y el Espíritu Santo.

Antes de morir, Jesús expresó el gran deseo de su alma: que los hombres, tan distintos y lejanos, fueran como una sola cosa. Y puso como ejemplo la Santísima Trinidad. En este misterio se da la unión más perfecta de tres personas distintas en un solo Dios. ¿Qué es lo que más nos une? ¿Edad, parentesco, ideas, lugar en que se vive? Lo que más nos une a los hombres es la fuerza del afecto, del amor recíproco. Lo que nos diferencia y separa es la individualidad personal. Somos personas distintas. El amor es la razón de unidad. En la individualidad personal radica la fuerza de la distinción.

Dios, verdadero y único, existe, vive y actúa en tres personas distintas con una inseparabilidad activa. Las acciones divinas son atribuidas por apropiación a una persona: al Padre el poder de la creación y el envío de Jesucristo; al Hijo la sabiduría, la manifestación en el misterio de la Encarnación y de la salvación de los hombres; al Espíritu Santo el amor y la presencia en la Iglesia. Igual que no hay pluralidad de dioses, tampoco las acciones atribuidas a cada persona pueden reducirse a nombres diversos aplicados de forma analógica para expresar, con palabras distintas, el único concepto. Un solo Dios, ciertamente, pero tres personas completamente distintas. Iguales en dignidad.

¿Cómo es Dios?, le preguntan a San Francisco de Asís. Dios es como el agua y como el fuego. Limpia y purifica. Lava y quema. Para acercarse a Dios hay que ir con la disposición de dejarse empapar y abrasar. Sólo por ese camino se puede llegar a la meta de la vida cristiana: el conocimiento y amor de Dios.

La visión de Ezequiel. Un inmenso campo lleno de huesos secos. Auditorio más extraño nunca lo tuvo profeta alguno. Animados por la palabra, los huesos toman carne y espíritu. Y viven. Así sucederá un día: vendrá el Espíritu Santo y hará vivir a lo quc parccía muerto.

Dios puede hacerse presente en lo más íntimo del hombre. Creer en el Espíritu Santo es aceptar que Dios puede vivir en ti. Ni tiene rostro, ni nombre por el que se pueda vislumbrar referencia alguna de figura humana. Lo suyo es dar y conservar la vida; es como el poder activo de Dios que vive, dirige, mueve y santifica a la Iglesia porque la hace conocer lo íntimo de Dios y la guía hasta la verdad completa. El Espíritu Santo actualiza la presencia de Jesús y hace recordar las palabras que El dijo.

Como cristianos tenemos que realizar en el mundo la obra de salvación encomendada por Jesucristo. El Espíritu Santo llega en ayuda nuestra y nos da unos dones, unas gracias, unos maravillosos instrumentos mediante los cuales se puede realizar la tarea que se nos confiara. Son los carismas. A un hombre se le dan palabras sabias, al otro ciencia, a quién el don de curar, de administrar los sacramentos o de ser buen padre de familia, de saber trabajar en favor de la paz o de defender incansablemente la justicia... Todo proviene del mismo Espíritu y ha de servir a la unión de los miembros de la misma comunidad, y para que cada uno realice la función o el ministerio que se le confía en esa misma Iglesia. Si la Iglesia se concibe a manera de un cuerpo, en el cual Cristo es la cabeza, el Espíritu Santo es el alma, el que vivifica y alienta.

San Pablo les decía a los cristianos de la ciudad de Corinto: vosotros sois como una carta, pero que no está escrita con tinta, sino con Espíritu de Dios vivo; no en tablas de piedra, sino en la carne, en el corazón. La presencia del Espíritu se hace visible a través de las acciones que realizan los cristianos, que son templo y casa del Espíritu Santo, pues según las promesas de Jesús, el Espíritu hablará por vosotros, dará testimonio en vosotros, recibiréis su fuerza, su aliento.

En algunos momentos de la historia de la Iglesia han aparecido hombres de carismas singulares y extraordinarios. En aquellas circunstancias eran necesarios para la fe de la Iglesia. Si hoy lo fueran, también el Espíritu acudiría en nuestro favor. Pero ahora lo que se precisan son aquellas fuerzas de lo alto que ayuden en la iluminación del camino, porque las tinieblas y las sombras no son pocas; que fortalezcan al creyente en su fe; que hagan perseverar en el compromiso bautismal a tantos olvidadizos; que susciten vocaciones para el servicio de la comunidad; en la familia, en la escuela, en el apostolado, en la caridad fraterna.

Por sus frutos los conoceréis. Estos son los dones y los frutos del Espíritu: gusto por las cosas de Dios, fidelidad al Evangelio, comprensión de la verdad revelada, prudencia, justicia, fortaleza, piedad y misericordia, amor, alegría, paz, generosidad, lealtad, sencillez, dominio de sí mismo, rectitud, constancia, delicadeza...

Cuando el Espíritu entra en el corazón del hombre, es el amor de Dios el que lo penetra hasta el hondón de la existencia. Y lo transforma todo. Un padre de la Iglesia oriental contemporánea lo explicaba así: «Sin el Espíritu Santo, Dios está lejos, Cristo se queda en el pasado, el Evangelio es letra muerta, la Iglesia no pasa de simple organización. La autoridad se convierte en dominio, la misión en propaganda, el culto en evocación, el quehacer de los cristianos en una moral propia de esclavos.

Pero en El, el cosmos se levanta y gime en la infancia del reino, Cristo ha resucitado, el Evangelio aparece como potencia de vida, la Iglesia como comunión trinitaria, la autoridad es un servicio liberador, la misión un Pentecostés, la liturgia memorial y anticipación, el hacer humano algo divino.»

4. El buen oficio de ser hombre

Antes de proseguir, hagamos un acuerdo por el que nada, absolutamente nada me obligue a dejar de ser y de vivir como hombre, a dejar mi responsabilidad individual o social, a ser libre, a que idea alguna se me imponga por encima de la dignidad que me corresponde como persona.

Después de haber visto a Dios, tendremos que hablar con el hombre. Si hemos comenzado por Dios, no ha sido por una razón lógica de primacía y respeto, sino porque es completamente imposible conocer bien al hombre sin verlo desde Dios, en la mente de Dios, conociendo los proyectos que Dios tiene sobre el hombre. Porque no me vas a decir que se vive divinamente como hombre, sumido en el egoísmo y en la ignorancia; caminando en el mundo por libre, sin dejarse querer de nadie, ni tener nadie a quien querer; al pairo de la tristeza o de la euforia; amargado por la envidia o el deseo ardiente de unas aspiraciones que nunca llegan; inseguro de ti mismo y saboreando cada día la amargura del rechazo social a tu forma de vivir; viéndote solo y rodeado de mucha gente; sin ideales ni convencimientos que te lleven a trabajar con toda el alma por conseguirlos...

¿Qué hacer, pues, para abandonar la farsa y dedicarse a ser hombre de verdad, auténtico, seguro, para vivir en paz con uno mismo y en armonía con el mundo y con los demás hombres? Quererte a ti mismo. Como eres. Con defectos y valores. Tocando cada día el barro de la debilidad y sintiendo el deseo de caminar por el mundo de otra manera. La aceptación de uno mismo es el primer peldaño a subir. No es que seas el tipo ideal. Pero eres así. Sin conformismos. Conocer para enmendar. Ver para corregir o para afirmarse en la verdad. Tienes que tratarte con reverencia, con respeto y con benevolencia. Sin desprecio, sin aficiones masoquistas. Nada más opuesto al narcisismo que esta sincera postura de conocimiento y de aceptación personal. El movedizo espejo del agua puede dar una imagen distorsionada y complaciente. La figura que se refleja en el espejo del alma es fidedigna, gracias a una luz purificadora que llega al espíritu y disipa los celajes que impiden ver con claridad.

Hay que dejar para Dios lo que es de Dios. Que vana ilusión es del hombre el pretender ser inmutable y eterno. No son pocos los candidatos que se presentan al deseo de inmutabilidad y de durar para siempre en este mundo. Es cierto que la pretensión no se hace con grandes clamores, pero sí en el subliminar de la queja continua a causa de los males que afligen a la humanidad, con la inaceptación de las realidades concretas, con el fastidioso y permanente lamento de tener que aceptar y vivir como ser limitado, débil, tornadizo e inestable... como hombre.

Se dice que el hombre es un misterio para el mismo hombre. El secreto para desvelar el misterio lo ha escrito Dios en el corazón del hombre. Es la capacidad de ser libre, de amar y de hacer el bien. Estás pasando malos momentos: desilusión, inseguridad, violencia interior, ni quieres a nadie ni te quieres a ti. Necesitas seguridad, sentirte querido, tranquilidad y sosiego. Pues en ti mismo está lo que necesitas.

La seguridad personal no puede venir a través de la desilusión y el enfado por haber descubierto las limitaciones humanas, sino por el convencimiento de que a través de la huella que ha dejado en él la presencia de Dios, el hombre tiene la capacidad suficiente como para sentirse seguro, pero con la seguridad que corresponde al hombre concreto, no a la de un maravilloso, fantástico e inexistente *superman*.

El camino del desprecio de sí mismo no conduce muy lejos. Se acaba despreciando a Dios. Otra cosa distinta es la actitud humilde de tantas personas santas que, completamente metidas en la grandeza y el amor de Dios, repetían las palabras del salmo: ¿pero qué es el hombre, Dios mío, para que te acuerdes de él? El hombre es lo más querido por Dios. Lo mejor de la creación. Porque el hombre se parece a Dios, aunque la imagen humana haya quedado tan deformada por la culpa, tan irreconocible. Pero Dios no se arrepiente de haber creado al hombre. Porque el hombre sigue teniendo la capacidad de amar a Dios, de seguir los consejos de Dios, de esperar en Dios.

Pues sucedió que un hombre comenzó a repartir entre sus amigos algunos *talentos*. A éste le dio cinco, al otro tres y uno para el tercero. Nadie le discute a este señor de la parábola el derecho a disponer de lo suyo como quiera, pero ¿cuál fue la razón de esta diferencia en el reparto? ¿La simpatía o enemistad que sentía por cada uno? ¿Los intereses que pensaba recibir? A cada uno le dio tanto como podían aguantar las manos en las que iba depositando los *talentos*. La distinción para dar no estaba en la mente del Señor, sino en la capacidad del hombre para recibir. Dios ha llenado las manos a todos y cada uno. Lo que ocurre es que unos las tienen más grandes que otros, porque, a fuerza de trabajar y de ser fieles, han hecho de su vida un recipiente sin fondo, donde siempre cabe más amor de Dios para repartirlo entre los hombres.

No hay más remedio que hacer el vacío en las manos a fin de que puedan caber en ellas muchos *talentos*. Limpiar el ánimo de egoísmos y envidias, de orgullos y presunciones, de miedos y tristezas. Hacer el vacío es meterse y encarnarse en la realidad más concreta de cada día, y no ver en ella como una enorme losa que amenaza con aplastarnos en el momento menos pensado, sino la ocasión para realizar las grandes aspiraciones del corazón humano: vivir libremente la responsabilidad personal, estar en la verdad y que esa fe sea reconocida por los demás como un don que viene de Dios.

¿Qué es el hombre, Señor, para que te acuerdes de él, para que esté siempre pensando en tu amor? El hombre es el centro y la cima, la gloria y hasta el honor, el espejo y la imagen, el sacerdote y el hijo. Todo fue creado por él y para él; en él quedó grabada la bondad y la grandeza de Dios; hecho a semejanza y con facultad de discernimiento para conocer a su Señor; consagra y santifica el mundo con su trabajo y está llamado a ser heredero de un reino nuevo. A Jesucristo, en primer lugar, se refieren esas afirmaciones sacadas de los libros revelados. También se aplican al hombre.

No hubo otra intención sino la de que el hombre participara del bien que en Dios había. Y Dios se abre, crea, produce, se desborda en amor a fin de que el hombre pueda ser hijo de Dios y gozar de las riquezas de Dios.

Ahora, el hombre es como un espejo en el que se puede ver a Dios. ¿No sería más exacto decir que el hombre es una enorme barrera que impide ver y acercarse a Dios? Si Dios es la bondad, la justicia, la misericordia... ¡Sí que está el mundo y el hombre como para ver esas bondades! Este es el problema: la desconfianza en el hombre. Esa imagen que ves, te engaña. El hombre no es así. Esa es la desagradable apariencia que ha producido en la humanidad el pecado. El hombre está más allá del pecado. La caída ha sido el accidente, pero el hombre puede levantarse y vivir como hombre. Siempre se parecerá a Dios por los valores que le distinguen como persona: inteligencia, capacidad de querer...

Algunos hombres están muy disminuidos en el uso de sus facultades, casi no tienen ni apariencia de hombre. Pues en ellos, con un poco de fe, incluso puede verse mejor la imagen de Dios. Porque cuando Dios llegó a este mundo quiso aparecer como «varón de dolores», casi irreconocible.

Al ser dotado de libertad, el hombre puede hacer esto o aquello. Es libre, a pesar de muchos condicionamientos íntimos y exteriores. Una forma, extraordinariamente original, para valorar esa libertad es el reconocimiento de la posibilidad de querer, hablar, comunicarse con Dios. Nadie lo puede impedir. Nada lo limita. Pues el hombre, hecho de barro, lleva consigo la fuerza de un principio espiritual innegable. Es el alma. No hay dos partes antagónicas: cuerpo y alma. Sólo existe una persona, el hombre, con principios y capacidades distintos. Con alma y cuerpo. Y si el hombre es la gloria de Dios, se debe a que en el corazón del hombre se puede ver reflejado el amor de Dios. Es, también, el honor de Dios: ninguna criatura es capaz de bendecir, honrar y amar a Dios como puede hacerlo el hombre. Todo, Señor, lo has sometido bajo sus pies, dice la Escritura. Y el hombre puede recoger ese todo, santificarlo por el amor y ofrecérselo al Señor y dueño de la creación.

No hace falta acudir a fuerzas extrañas y a poderes ocultos para explicar lo que nos pasa a los hombres: que vemos y apreciamos el bien, pero que la arcilla de que estamos hechos se nos rompe por menos de nada. El pecado nos ha hecho fácil presa de muchas tentaciones. Pero, por mucha que sea la debilidad, el hombre continúa siendo hombre, a pesar de las limitaciones de su querer libre y de la incitación a lo pecaminoso. Nunca debe claudicar de la dignidad humana, ni caer en la tentación de considerarse como un instrumento utilizable para los mil y un intereses de este mundo, ajenos a la ley de Dios, y que degradan al hombre hasta extremos increíbles.

Que los males que hoy nos aquejan fueran evitables ayer, no cabe duda, pero es mucho más evidente y consolador vivir en el convencimiento de que nuestro Dios es un Dios del presente, que a nadie niega su ayuda y que siempre está esperando el momento de la gran alegría: el día en que el hombre pecador retorna a la casa del Padre.

Después hablaremos del hombre perfecto, del modelo original, de Cristo. Por ahora nos contentaremos con aproximarnos a lo que tenemos alrededor e ir aprendiendo las lecciones que nos va explicando un maestro interior: la conciencia. Un maestro preparado en una sabiduría incuestionable y con la pedagogía eficaz.

Sócrates aprendió mucho de su madre. Era partera. Ayudaba a nacer. No daba la vida a nadie, únicamente la sacaba a la luz. El maestro, el filósofo, debe hacer lo mismo: ayudar al hombre a que saque a la luz las ideas y pueda caminar entre los hombres siendo un hombre como ellos. Igual que antes del nacimiento está como prisionero, aunque bien cuidado y protegido en el vientre de la madre, el hombre, encerrado en el mundo y el pecado, está condicionado en su libertad. Llega entonces la conciencia, que actúa como delicada y maravillosa comadrona, y ayuda al hombre a liberarse de mil ataduras y nacer a un mundo nuevo y luminoso. Ha salido de sí mismo, de sus temores y complejos, de sus miedos, porque la conciencia le ha dado la seguridad de la verdad, el verdadero precio y valor de las cosas y de las acciones humanas. ¿No nos engañará también la conciencia? El consejo, el juicio de la conciencia se puede compulsar fácilmente en una magnífica e insobornable tabla de verificación: el Evangelio. Si concuerda tu verdad con la del Evangelio, ya no cabe duda. La conciencia es como la ley de Dios escrita en la naturaleza humana, y el Evangelio es esa misma ley escrita con las palabras y los ejemplos de Jesucristo.

Aviso para psicólogos no iniciados: una cosa es el inconsciente y otra la conciencia. Cada cual en su sitio, pero no confundir el conocimiento, más o menos real, con el juicio personal sobre el valor moral de las acciones. Si el Evangelio está en la base de un inconsciente colectivo, primero pruébese con argumentos convincentes e incuestionables y después alábese a Dios, que tan maravillosamente sabe comunicar su mensaje a los hombres. En caso de duda, se insiste: consúltese el Evangelio, tal como lo ha dicho y lo ha vivido Jesucristo.

Para responder a la acusación individualista de la conciencia cristiana, véase el apartado sobre «el cristiano y la vida pública» en el mismo *manual*...

Volvamos al maestro y a su pedagogía, pues los discípulos se están rebelando. Murmuran de lo que tienen y desconfían de lo que les falta. Se han preparado un gurú sustitutorio. Es lo que pasa siempre: cuando lo auténtico escasea, crecen los sucedáneos. El templo ha dejado paso al bazar. Ya no se busca la fe, sino el filtro mágico. Pero el maestro conoce el método a seguir. Podría ayudar la tecnología, pero ni la dinámica de grupo, ni la oración transcendental, ni la subjeción transformativa (?) son suficientes: hace falta la sabiduría. Esto es: adentrarse en el corazón del hombre y descubrir el valor de lo humano, porque, como advierte la Biblia, allí ha escrito Dios su ley, allí ha puesto su propia imagen. El hombre se ha descubierto a sí mismo, pero ayudado por la revelación de Dios. Sí, es la gloria de Dios, porque en el hombre se puede leer la grandeza y la bondad de Dios.

Cuando el hombre se encierra en sí mismo acaba carcomido por mil fobias y egoísmos. La mente se ofusca en el prejuicio o por el error. Porque el hombre tiene una vocación social, necesita convivir con los otros hombres, pero no por fuerza de una ordenanza exterior, sino por el imperativo de su misma naturaleza. No se trata, únicamente, de estar junto a los demás, sino de darse a los otros, meterse en su vida y en sus preocupaciones. No para dominar, ni en plan de fisgoneo e intromisión en la esfera de lo privado, sino con gestos positivos de solidaridad, de cooperación que lleve a una vida mejor, más humana.

No es un recipiente que atiborrar de conocimientos, de consejos, de leyes, sino que el hombre es un manantial inagotable de la mejor sabiduría. Sólo él tiene capacidad de querer, de apasionarse en el servicio a los demás y de hacerlo con un amor desinteresado, altruista, fraterno, convencido. Y todos esos conocimientos, leyes y consejos, o pasan por la sabiduría del amor, o se hacen trampa para el consumo, y la ley resulta carga insoportable, y los consejos vana palabrería.

También este discurso parece tan idílico como inútil. Que el hombre sea tan excelente, tan acabado, con un destino tan sublime... Bien, pero ¿dónde está ese hombre? No es el que vive en el tercero izquierda, ni el que encuentro en el autobús, ni el que a duras penas llega a fin de mes, ni el que se olvidó de su casa y se fue a convivir en la de enfrente, ni los del psiquiátrico, ni los pensadores de la violencia, ni el egoísta interesado de cada día, ni...

Un misterio es el hombre para el mismo hombre. Ese misterio lo desvela la fuerza del amor, de la aceptación de uno mismo con sus limitaciones y virtudes, queriendo a Dios, que ha puesto su imagen viva en el hombre. El hombre no es Dios, pero se le parece.

5. ¡Que está vivo!

¡Qué convencimiento, Dios mío! Esos hombres están empeñados, apostando la propia vida en demostrar que el muerto ha resucitado. Que Cristo, el crucificado, vive. Que ellos lo han visto con sus propios ojos. Y ha comido con ellos. Y palparon los pies y las manos rotos por los clavos. Y oyeron las palabras que salían de sus labios. Y que tenía cuerpo real, aunque distinto del que contemplaron días antes al desaparecer en la cruz. Ahora ya no podría morir, viviría para siempre.

No eran unos visionarios los apóstoles. Ni la muerte en la cruz fue apariencia, sino una cruel verdad. Las apariciones del resucitado fueron tantas y a tantas personas diferentes... ¿Todos eran unos dementes? Sí, el milagro es de tal magnitud, que nos vuelve a todos locos de alegría y nos envuelve, paradójicamente, en una demencia llena de cordura, pues el que era carne de nuestra carne, al resucitar nos ha dado una vida nueva, distinta, gozosa, rebosante de esperanza. Es como si todo se hubiera vuelto a crear. Una creación nueva en la que el hombre es más hombre, tiene más cerca la posibilidad de conseguir los mejores y más arraigados deseos. Lo torcido se endereza. Lo imposible puede alcanzarse. No sólo ha resucitado Cristo: la creación entera, especialmente el hombre, ha vuelto a nacer. Desde aquel momento —fue un día, una fecha, en un lugar concreto de la tierra— todo es distinto, inédito e inmutable: ¡resucitó! La tumba queda vacía. Cristo vive. Lo hemos visto. Esta es nuestra fe. Esto es lo que predicamos y lo que vivimos.

¿Quién es este a quien obedecen los elementos desbordados de la naturaleza, que cura las enfermedades y perdona los pecados, que devuelve la vida a quienes la perdieron y que, por su propio poder, resucita él mismo de entre los muertos? Es Jesucristo. Es el primogénito de la gran familia humana. Fue el primero y todo fue creado por El y pensando en El. También fue el primero en morir y en resucitar. Todos estamos llamados a seguir su mismo camino.

En Jesucristo se encuentran los secretos de la sabiduría y de la ciencia. Se descubren a quienes se acercan a El. Al hacerse hombre, sin dejar de ser Dios, ha facilitado el encuentro, pues la debilidad de la pobreza con que se ha vestido, en nada disminuye la riqueza de su divinidad. En Jesucristo, Dios vino a vivir entre nosotros. Cristo es una persona única y singular, hombre y Dios al mismo tiempo. Su naturaleza divina ha quedado escondida. No se ve. En cambio, su ser de hombre está patente ante nuestros ojos. Nació de una mujer, sufrió de nuestros mismos padecimientos y se emocionaría y llenaría de gozo con lo que nos hace felices. Eso sí, no conoció pecado. En todo semejante a nosotros, menos en el pecado.

La naturaleza humana de Cristo no era un disfraz que ocultaba el verdadero rostro, ni un juego al estilo del Olimpo en el que los dioses se complacían en divertirse con los hombres. Cristo es hombre real y verdadero, con sentimientos y quereres de hombre, con inteligencia y cuerpo humanos. Si Dios se hizo hombre, fue para poder estar junto a los hombres, ser uno más, compartir el pan y la sal con nosotros. Fue una figura histórica, no sólo en el sentido de relevancia, sino que su presencia en el mundo está demostrada por la investigación histórica. No fue una apariencia, fue un hombre real, concreto. Un hombre que es Dios.

Aunque para creer no necesitas milagros, Cristo ha hecho muchos. Siempre con esta intención: para que los hombres pudieran conocer a Dios y se acercaran a Dios. Que resucitan los muertos, que el agua se convierte en vino, que de una insignificancia de pan se hace la abundancia para que puedan comer muchas personas, que los enfermos se curan, que los temporales se apaciguan... Son señales magníficas, casi alucinantes. Y si nos sorprenden, no es por lo deslumbrante e insólito de las acciones, sino por la humanidad que encierran y significan. Los milagros tenían una sola finalidad: ayudar al hombre, remediar su mal o su falta de fe y hacerle ver la cercanía de Dios. Dios estaba allí cuidándose de los hombres. Para esto había venido Jesús al mundo.

Ahora también hay milagros. Son milagros distintos. Los vemos poco y los necesitamos menos. No son aparentes. Jesús encontró a un chico que era ciego. Puso su mano sobre la cabeza del muchacho y quedó curado. Eso también lo has podido ver tú. Aquel niño que era ciego. El médico le opera. Ahora ve. Dios se puede valer de tantos caminos: uno de ellos es la ciencia que pone en la inteligencia de los hombres. Aunque, naturalmente, estos son milagros distintos. También la Iglesia reconoce hoy la existencia de prodigios extraordinarios realizados por mediación de personas de singular virtud. Es el poder de la intercesión de los santos.

Jesús tenía que ayudar al hombre. Sacarle de la ignorancia, del temor, del miedo. Hace prodigios que confirman la presencia de Dios en medio del mundo. Dice palabras llenas de vida, de vida eterna... Predica las bienaventuranzas, que son como la experiencia de Dios puesta a nuestra disposición para que los hombres puedan recorrer el camino de este mundo como Dios manda. Las parábolas expresan, en bellísimas metáforas y comparaciones, cómo son las cosas de Dios: como semilla insignificante que se hace árbol fuerte, como un padre siempre con los brazos abiertos para recibir al hijo rebelde que se marchara de casa, como buen pastor que no se cansa nunca de cuidar y de buscar a sus ovejas, como samaritano con los ojos bien abiertos para ver quién puede necesitarle en el camino.

Cristo decía que todas estas cosas las había aprendido de Dios. Dios es así: Padre, Pastor, Buen Samaritano... Dios ayuda, protege, guía, salva al hombre. Que el mundo y los hombres no son tales como los ven nuestros ojos, enturbiados por el afecto de pecado que anida en el corazón, sino como los ve Dios y nos lo ha manifestado en Jesucristo. Los sinsentidos de este mundo, que parecen irracionales y provocan rebeldía en el hombre, quedan explicados en las palabras de Cristo. No hay otro camino. Ni otras razones. Ni otra luz para comprender. Es cierto que en el deseo de encontrar la verdad se siguen diversos caminos, pero, al final, siempre estará Cristo.

Para muchos hombres no resulta fácil comprender la persona y la obra de Cristo. Es que se empeñan en exigir una comprobación temporal de lo divino. La divinidad no es visible. La humanidad sí. Y fue, precisamente, a través de su humanidad como nos ayudó a salir del atolladero de la oscuridad, de las esclavitudes del egoísmo y del miedo, de la desgracia para siempre: fue a través de su humanidad como nos redimió. Ahora puedes comprender algo mejor la razón de los sufrimientos y de la pasión y muerte de Cristo: había que efectuar la redención de un modo adecuado a la dimensión del hombre, dándolo todo, y en forma heroica, a fin de que se pudiera apreciar el amor de Dios a la humanidad entera.

Si el vehículo y como instrumento fue la humanidad, el ser hombre, todas las acciones fueron realizadas en perfecta sintonía de doble naturaleza en una sola persona: Cristo es Dios y hombre verdadero. De forma inseparable. En su encarnación Dios se unió al hombre, se puso junto al hombre, se ha revestido de hombre, se ha hecho hombre para salvar a los hombres. Dios amó tanto al mundo que envió a su Hijo para salvar al mundo. Así que no busques otra razón que no sea la del amor que Dios nos tiene. El amor no necesita dar muchas explicaciones. Hay que amar y dejarse querer. Esto es vivir. Esta es la vida que vino a darnos Jesucristo: una vida auténtica, verdadera, gozosa, incorruptible.

Cristo es el Señor, es Dios. Actúa como lo hace Dios. Sus palabras no son suyas, sino de quien le ha enviado, del Padre. No es que tenga el poder de Dios como algo concedido gratuitamente, es que es Dios. Tiene derecho a nuestra fe. No sólo de que creamos en su existencia, sino de que le hagamos caso, de que nos fiemos de su palabra, de que demos crédito a su testimonio: sí, tú eres Dios, lo que dices y lo que haces es nuestro camino. No hay otro. Eres Dios.

¿Y ahora qué? Ya hemos confesado que Cristo es Dios. ¿Es que nos va a decir, como a San Pedro, edifica mi Iglesia? Cristo termina su caminar por la tierra y sube, asciende al cielo. Pero continúa en la tierra, viviendo entre nosotros de una manera diferente, no sujeto a unos elementos concretos de tiempo o de espacio determinado. Cristo viene y está con nosotros. Con El, con sus doctrinas y ejemplo, las cosas, las ideas, los hombres han cambiado. Aunque sean muchas las ideas y las actitudes que enfrentan a los hombres y hacen un mundo casi inhabitable, ello no significa un fracaso de Jesucristo, sino que aún hay que trabajar mucho para acercar el mundo a su reinado, a su Evangelio.

Ante aquel hombre paralítico, Pedro y Juan no tienen otro remedio que dar al necesitado el nombre de Jesús. Y se hizo el milagro. Cristo es capaz de cambiarlo todo. Hasta la cruz —ignominia, vergüenza y suplicio— en honor, gloria y signo de salvación y de victoria. Cristo aceptó la cruz y fue suficiente. Vistas desde Cristo, las cosas adquieren un valor nuevo: el de la bondad de la reconciliación con Dios. Retornan a ser lo que eran antes del pecado.

Nos atraen sus palabras, sus milagros, su humildad, su valentía. Nos cautiva la persona de Cristo, solidaria con la humanidad doliente. Asumió nuestra condición peregrina en este mundo y nos rescata y libera de tantas alienaciones: egoísmo, deseos de venganza, desilusión, materialismo, orgullo...

Esta Buena Noticia de liberación está escrita en los Evangelios, esos relatos históricos que se escribieron por Dios, valiéndose de mente y mano de los hombres, para que los hombres conocieran y creyeran en Cristo y tuvieran la fuerza necesaria para transformar el mundo. Con la justicia y la paz, tal como las ha vivido y predicado Jesucristo, no sería tan difícil, como lo pensamos desde nuestras categorías humanas, todavía no suficientemente convertidas e identificadas con la mente y la vida de Cristo, hacer cada día un mundo mejor.

Ante la vida y el mensaje de Jesucristo no hay otro camino que el de dejarse seducir. Vano es el intento de querer poner los dedos en la llaga de su costado, pues la mano no puede decir aquello que no ha convencido al corazón. ¿No queríamos que Dios nos hablara? Pues su lenguaje no ha podido ser más elocuente. Ha hablado en Jesucristo. Haz lo que él hizo y vivirás. El es la resurrección y la vida. Si lo acompañas sincera y lealmente durante un rato, verás cómo te sucede lo que a aquellos hombres de Emaús, que recorrieron parte del camino junto a Cristo y, sin reconocerlo, tuvieron que confesar: es que estábamos encandilados mientras nos hablaba.

Cuando se dice que somos una sociedad de quejicas, de agobiados, de hombres con la angustia esperando a la vuelta de la esquina, preferimos gustar la morbosa complacencia del extraño gozo en el mal, en lugar de buscar una existencia digna, eficaz y adecuada a la condición humana. Venid a mí, dijo Jesús, que yo os aliviaré. Bien sabía El lo que decía, pues estaba preparando una tierra nueva y hombre nuevo. La tierra y el hombre renacidos en la resurrección pascual.

Creer en Jesucristo es aceptar incondicionalmente el Evangelio como salvación, como solución radical para la vida del hombre. Aceptar la persona, la doctrina de Jesús. De este hombre que enseña a vivir como hombre libre, dispuesto al bien, confiado en los mejores valores de la humanidad, abierto a los hombres, con los que quiere formar una gran familia, y vivir en ella según el mandamiento del Señor. Vivir con Cristo es vivir en Iglesia, pues a través de ella es como Cristo realiza su obra de salvación. La Iglesia es quien ha guardado cuidadosamente a lo largo de la historia la memoria de las palabras y de los hechos de salvación de Jesucristo. Importante, sí, para la Iglesia, es permanecer siempre en esa fidelidad. Recoger las huellas de Jesucristo y dejar en su paso por el mundo esa marca indeleble del Señor muerto y resucitado. Una huella que solamente puede estamparse con el amor.

Cristo manifiesta el hombre al mismo hombre. Es decir, le enseña el verdadero estilo de ser hombre, el modelo original, fidedigno. No hay posibilidad de encontrar otra fuente que merezca garantía. Por una parte, cuando hizo al hombre, Dios se fijó en el modelo que tenía delante: Jesucristo. Además, es que Cristo ha sido el único hombre al que no ha llegado el pecado. A María, la Virgen, tampoco. Pero a ella fue por un privilegio singular, concedido en atención a los méritos de su Hijo.

Jesucristo es el hombre perfecto. Que quieres ser hombre de verdad, auténtico, pues acércate a Cristo. Así, de pronto, esto resulta como muy difícil, casi imposible. El método, sin embargo, es llevadero y ligero si hay una identificación de ideales, de puntos de vista, de amor común. La reciprocidad por parte de Jesús está asegurada. Hay, eso sí, una condición: volver a nacer, resucitar. Hacerse hombre nuevo en todo. El manual para realizarlo es el Evangelio, donde se aprende no sólo a imitar, sino a vivir como metido en El. San Pablo lo describe así: ya no vivo yo, es

Cristo quien vive en mí; quien piensa, quien juzga los acontecimientos, quien me da los criterios de acción. Experimentar palpablemente su presencia, dejarse llevar por El...

6. El gato de Angora

¿Por qué Dios no hace ahora milagros? Aparte de que Dios sí los hace —otra cosa es que nos empeñemos en no verlos—, es que ahora los *milagros* quienes tenemos que hacerlos somos nosotros, los cristianos. Si el milagro es una señal extraordinaria que hace razonable la fe, en nuestras manos está esa posibilidad de acercar, con la credibilidad del testimonio, a la fe del mensaje que predicamos. Esto es ser cristiano: vivir de tal manera que en la conducta se vea a Cristo. En la vida pública y en lo más íntimo de las relaciones personales, en la familia y en las actividades culturales, en la profesión, en el trabajo, en los negocios, en la política. Ah, ¿también en la política? Así nos van las cosas. Por meternos donde no nos llama nadie. Sí, cristianos en la política y en el fútbol, escribiendo libros o recogiendo el algodón en el campo. Que ser cristiano no es una ropa de quita y pon, sino una forma de vivir que empapa hasta las entretelas y ya no le deja a uno ni ser ni pensar de otra forma que como lo hiciera Jesucristo.

Y mirando alrededor. Que no estás solo. Quien no piensa en otro oficio que en ver su propio ombligo, pronto se queda petrificado y ya ni sirve para los demás, ni para ser feliz él mismo. Hay que ir por el mundo con los ojos y el corazón muy abiertos. De lo contrario caminarás con el paso cambiado y el tropezón llegará a cada momento. No comprenderás nada y hasta lo más recto puedes verlo torcido.

Aquel animal era una preciosidad. Blanco, creo que de Angora. Como el gato tenía frío, pues el niño, ante de salir hacia el colegio, lo metió en el horno de la cocina. Al volver de la escuela, el animal ni era blanco, ni de Angora, ni siquiera gato. El padre se enfada y llama a su hijo tonto. Y el niño, triste. El padre se conmueve y le dice:

—Bueno, no pongas esa cara. Ya te compraré otro gato...

Y mi padre, escribe ese niño, ahora con dieciocho años, no se daba cuenta de que yo estaba triste, no por haber perdido el gato, sino por haber disgustado a mi padre, al que quería mucho más que al precioso animal.

No es posible reducir a una frase lo que significa y lo que supone ser cristiano. Sí, es el hombre de Cristo, el que trata de vivir conforme al Evangelio de Jesucristo. Esto es lo esencial, pero se necesita alguna explicación más. Una primera cuestión ha de referirse a la misma posibilidad de ser cristiano a la medida, según el modelo único que es Cristo. Identificarse con Cristo siendo una persona bien distinta en tantos y tantos aspectos. Aquí radica la viabilidad del poder ser y vivir como cristiano. Sin la íntima conexión con Cristo en afectos, criterios, ideales, compromisos... es imposible la aventura cristiana. Además, «desde que Dios se hizo hombre, hay que tratar al hombre como a Dios», lo cual implica, obviamente, el trabajo constante de salir de uno mismo, el acomodarse a la realidad humana sin perder un ápice de la fidelidad debida al contenido del mensaje anunciado y vivido por Jesús de Nazaret. La fe es, ciertamente, personal, pero sería una triste presunción la de suponer que llegarías a un grande amor de Dios sin querer a nadie. Te querrías solamente a ti mismo. Y con un amor tan egoísta y ridículo que no sería gozo para ti y sí deshonra para los que contigo forman la comunidad humana. Dios puso la creación en manos del hombre para que gozara de ella. El hombre toma la materia o el pensamiento en sus manos y descubre, en técnica o filosofía, nuevos horizontes que ayudan al hombre a vivir mejor, más feliz. El hombre que sólo vive para sí mismo, está muerto. Aunque las apariencias digan lo contrario. Pues vivir es comunicar, participar, hacerse presente en los demás, unido a los otros. Pero desde la libertad personal, sin perder nada del ser hombre libre. Aceptando, claro está, las limitaciones que impone la libertad de los demás. Limitaciones que, por otra parte, más ayudan a ser uno mismo que a la claudicación personal; pues, social y participativo, el hombre es mucho más que un simple ser que vive en sociedad.

Si quieres ser buen cristiano tendrás que mirar mucho a la tierra y ver si en ella estás viviendo lo que esperas encontrar en el cielo. No intentes hacerlo al revés: que en el cielo no puede haber esperanzas egoístamente terrenas. La fe no desengancha al hombre de las realidades cotidianas, pero le hace verlas con otra luz, con mayor objetividad, con discernimiento certero de lo que conviene.

Allí estaba todo el pueblo: alcalde, cura, vecindad, boticario y alguaciles, como en el sainete. Pues no faltaba más. Había que acompañar a la difunta. Desde hacía muchos años vivía sola. Y se enteraron de su soledad por el apestante olor que desde hacía semanas salía de su casa. La casa de la muerta.

Es cosa muy laudable rezar por los difuntos. Pero acompañar a los vivos es respeto que se debe en ellos al honor de Dios. Quien quiera servir a Dios, que ayude a su hermano. Esta es la forma del amor de Dios y de la vocación cristiana. Ahora bien, esa vocación de amor a Dios lleva al intento de continuar en la tierra, y a lo largo del tiempo, la misión de Jesucristo, que anuncia un reino nuevo en el que son bienaventurados los pobres, los misericordiosos y los que trabajan por la justicia y por la paz.

Casi da sonrojo decir que el primer compromiso del cristiano es el de aceptarse hombre y vivir entre los hombres. Esta aparente perogrullada se intenta paliar añadiendo a la afirmación adjetivos que lo expliquen... y que, no pocas veces, confunden la diáfana sencillez en que está expresado. Es como encontrar el sabor de la verdad más pura, más fundamental: autoverse cómo Dios le echó a uno al mundo y lo recogió Jesucristo, vistiéndolo de gracia y Evangelio. Lo demás son añadiduras; lo importante es el reino de Dios que se alcanza caminando con Jesús en exquisita lealtad al querer de Dios. Que ésta es la razón, incondicionalmente segura, para tener la certeza de vivir en un amor irrevocable a Dios, y a las cosas, y a los hijos de Dios.

Pero, cuidado, que mal síntoma es decir: Señor, Señor, a solas, y avergonzarse de Cristo cuando se está entre los hombres. Dios no puede ser un objeto que sirve para presumir: soy creyente (y se presume de Dios), pero no soy practicante (y se presume de ateo).

Vamos a hacer otro inventario:

El indiferente. Sí, está apuntado en una lista. Pero le da lo mismo. Pasa de todo. Es preferible que trabajen, que den testimonio, que practiquen los demás. *El mágico prodigioso* que magnifica, agranda, agranda y agranda la idea en la cabeza y no se ha enterado de que a su espalda hay unos hombres concretos y una sociedad a la que servir. *El instalado* cómodamente en el reino. Ha llegado a la conclusión de que Dios está identificado con él, no él con la voluntad divina. Eso de que el reino de Dios se alcanza con esfuerzo, trabajando con Dios cada día, no le convence. *El meritorio* que busca un pedestal de apoyo a una pista de lanzamiento, agarrándose fuertemente a las añadiduras para alcanzar un extraño reino que en nada se parece al de Dios. *El flotante* que para estar siempre encima cabalga sobre cualquier ola: la de Dios o de la sigla que convenga. *El perfeccionista* a la espera de que todas las cosas sean justas, atinadas y en su sitio, para poder él comprometerse con ellas; no busca la bondad, sino el acomodo. *El activista* hace tantas cosas por Dios que a Dios no se le ve por parte alguna. *El aficionado* estéril se figura que el creer consiste simplemente en tener buena conciencia y que con no hacer mal ya se hace bien. *El disfrazado* que envuelve pecado y debilidad en el papel de los colorines de los malos tiempos y las rebajas; no llega nunca a la conversión, porque no reconoce la culpa, sino que la disimula. *El contestatario* que denuncia, denuncia, denuncia y se enfada, se enfada, se enfada. Y nada más. *El justificador* es como un «disc-jockey» que pincha la palabra del Evangelio, sólo y donde le conviene. Lo otro puede olvidarse. *El temporero* que asegura que hay tiempo para vivir como cristiano y temporadas de descanso. Todo el mundo tiene derecho a las vacaciones y a la cana al aire...

Sea vuestro sentir como el de Cristo. El es la norma. Como El lo ha hecho. Como El ha querido a los demás. Hacedlo así. Este es el mandato último, el más nuevo. Pero el amor hay que traducirlo en comportamientos inequívocos de ayuda mutua para llevar la carga. Anunciar a Cristo, vivir en conformidad con la ley de Cristo es una llamada, una vocación. No hay vocaciones de primera y de segunda clase. La categoría se mide por la generosidad en la entrega al servicio de la caridad fraterna, no a la función que se realiza. Aunque también es verdad que por muy intenso y eficaz que sea el deseo, es muy difícil llegar a una disposición irreversible y total. Habrá que conformarse con poner ante Dios como un papel en blanco y dejar que El lo vaya llenando. Dios escribirá claro, para que se entienda y pueda seguirse el mensaje con fidelidad. No cabe un compromiso estático: como ahora y para siempre. La voluntad de seguir a Dios ha de ser dinámica, progresiva, atenta a lo que la necesidad del hermano y del mundo vaya pidiendo. Dios no cambia. Los hombres y los tiempos sí. No se serviría bien a Dios olvidando a los hombres en su situación histórica. El amor de Dios es inmutable, pero los caminos para llegar a El pueden ser distintos en cada momento. Ayer no era necesario permanecer fiel a tu matrimonio, porque estabas soltero. Hoy tienes un deber de amor exclusivo a tu mujer.

La voluntad de Dios se ha metido en el corazón del hombre: es lo que llamamos la ley natural. Cristo ha explicado esa ley. Y nos ayuda en la permanente disposición de asumirla como norma de conducta libre y manifestativa de la voluntad de Dios. Solamente lo que nace desde esa libertad radical de la naturaleza humana y orientado al desarrollo del propio ser libre del hombre puede ser bueno, pues libertad, ley y conciencia preceden siempre al obrar virtuoso.

¡Animo, amigo, que vas a poseer la vida eterna! Si cualquier día alguien te saludara de esta manera, pensarías que se estaba quedando contigo o que había perdido la cabeza. Sin embargo, ésta es la promesa que hace constantemente Jesucristo: su predicación y su vida están dirigidas a convencer a los hombres de que la realización plena, definitiva y total del hombre no se alcanza en esta vida, sino más allá de la muerte. Ahora bien, el camino hacia esa vida definitiva pasa por el hombre y por los quehaceres concretos de nuestra existencia temporal. Por eso nada de lo que atañe al hombre es ajeno a la vida y al compromiso del cristiano y, por tanto, cualquier tarea encaminada a conseguir un orden temporal más justo y mejor para todos es imperativo de la fe y de la caridad cristiana.

Dentro de la comunidad de los cristianos, de la Iglesia, hay ministerios y funciones diversas. El justo ordenamiento de las tareas temporales para que refleje la voluntad evangélica de Cristo, corresponde primordialmente a los seglares, a la vocación laical. Que no es una vocación de grado menor, ni recibida por benigna concesión de la clerecía, sino que dimana del compromiso bautismal. Tú, que te has identificado con Cristo en el bautismo, tienes que llevar la norma y la vida de Cristo, en palabra y testimonio, allí donde te encuentres, porque la mayor bondad que Dios ha manifestado a los hombres es Jesucristo. Cristo es el *bien común* para todos. El cristiano no tiene el derecho de guardarlo en exclusiva para sí solo. Tiene que compartirlo con todos los hombres. Hombres que pueden ser diferentes por mil motivos, pero que a todos alcanza la garantía de poseer los mismos derechos fundamentales de la persona humana. Entre esos derechos está el de tener y de vivir según la verdad. Y para nosotros, cristianos, esa verdad es la doctrina y la persona de Jesucristo. La doctrina política y social mantenida por la Iglesia no es más que aplicación a la vida temporal de las exigencias más fundamentales del Evangelio. ¡Esto es una intromisión inaceptable! Dice el señor que parece tener el monopolio de la democracia y que juzga que los católicos deben permanecer como una clase ideológicamente pasiva, sin convicciones, sin principios, sin libertad para poder expresar lo que sienten en su conciencia. El ciudadano cristiano no es un ser anónimo, aséptico, descerebrado e impensante. Es un hombre concreto, real, con sus criterios, sus ideas y su fe. Y debe expresarse tal como es y lo siente. De lo contrario, en vez de ayudar al bien común, estaría haciendo un fraude a la sociedad a la que pertenece y colaborando a la imposición de una ideología única y tiránicamente obligatoria para todos.

Es necesaria una presencia de los católicos en la vida pública, han recordado los obispos en documentos importantes. Una obligación que se deriva no sólo de la condición de ciudadanos, sino por ser creyentes en Jesucristo. Dios quiere salvar la creación entera, no sólo el alma de los individuos, y someter al señorío de Cristo todos los ámbitos de la existencia: no sólo la Iglesia, sino también el mundo; no sólo la vida privada, sino también la pública, pues existe una íntima relación entre el desarrollo de la historia y el progreso del Reino de Dios. Pecado y salvación se manifiestan no sólo en los individuos, sino también en la sociedad. Si eres creyente debes esforzarte para que las instituciones y las estructuras sociales, en vez de ser expresión del pecado humano, respondan a los planes de Dios.

La dedicación a la política y, en general, a las actividades públicas, puede ser una forma eminente de ejercicio de la caridad. La Iglesia debe ayudar a los seglares a integrar armónicamente el compromiso político en la vida de creyentes, ofreciéndoles oportunidades de preparación específica para la vida pública.

La fe cristiana señala a los creyentes unas metas y un estilo para actuar en la vida pública, pero las estrategias concretas no proceden únicamente de consideraciones religiosas: la misma inspiración cristiana inicial puede derivar hacia opciones diferentes. Por lo que hay que cuidar que esas distintas opciones no rompan la comunión eclesial. Hay muchas formas de participar en la vida pública, tanto por el ámbito elegido como por el grado de implicación, y conviene no olvidar que la vida pública es mucho más amplia y rica que lo estrictamente político. Un criterio elemental en la actuación pública del cristiano es el de fidelidad. Nunca se puede distorsionar el mensaje de Jesucristo y reducirlo a unas ideas acomodaticias al momento, a los «deseos del tiempo».

¿Por qué no se expulsa del templo a quienes lo están profanando? Cristo tomó el látigo y echó fuera a los usurpadores. ¿Quiénes son hoy los que profanan el templo? ¿Los que entran en él inconvenientemente vestidos? ¿Los que se encierran para hacer huelga de hambre? ¿Quienes celebran el culto sin devoción ni decoro? ¿Los turistas a quienes sólo interesan los motivos decorativos o culturales? Cristo arrojó a los mercaderes del templo. Posiblemente no por estar en el recinto del templo, sino por ser injustos, por aprovecharse de la gente sencilla, por no mirar con criterios de Dios las cosas que a Dios se dedicaban.

Ama y haz lo que quieras, escribía San Agustín. Este es el criterio fundamental: el mandamiento nuevo del amor fraterno. Con él por delante todas las acciones serán obra de Dios, porque el amor es justicia, paz, misericordia. Mientras camina por este mundo, el cristiano debe pertrecharse de unas virtudes —disposiciones habituales hacia el bien— que le ayuden a crear en torno suyo un ambiente de unidad y concordia, de caridad y de justicia para todos. Avanzar sin nostalgia: que Dios es el Dios del presente. Con serenidad: que Dios es inmutable y no duerme. Atento a las señales que Dios pone en el camino de cada tiempo y saber aplicar la profecía que descubre, interpela y edifica. En diálogo constante, paciente, incansable con la creación entera y con los hombres que en ella viven.

Para terminar el capítulo, las palabras de una carta de San Pedro a los hombres de hoy, aunque escrita hace muchos años: «¿Quién podrá haceros daño si os dais con empeño a lo bueno? Pero aun suponiendo que tuvierais que sufrir por ser honrados, dichosos vosotros. No les tengáis miedo ni os asustéis: en lugar de eso, en vuestro corazón reconoced al Mesías como a Señor, dispuestos siempre a dar razón de vuestra esperanza a todo el que os pida una explicación, pero con buenos modos y respeto, y teniendo la conciencia limpia. Así, ya que os difaman, los que denigran vuestra buena conducta cristiana quedarán en mal lugar. Más valdría padecer porque uno hace el bien, si tal fuera el designio de Dios, que por hacer el mal.»

7. Hemos dicho que sí

No tengo nada que decirte, ni cosa alguna con que obsequiarte, pero ¡tenía tantas ganas de verte! Los versos de Paul Claudel parecen sacados del sentimiento de los hombres que desean creer, que quieren ver, porque es tan grande el vacío que la fe de ayer les ha dejado... Esperan el milagro y no creen en milagros. María, la Santísima Virgen María, ayuda a creer, a encontrar la respuesta atinada a los grandes interrogantes de la existencia. Lo hace, sí, de una forma peculiar: antes de que se verifique la prueba. Ella cree; cree antes de que se realice el milagro. Ella está segura de que es posible. ¡Dichosa tú que has creído de esta manera tan generosa! Y dichoso el hombre que, acercándose a María, está seguro de que va a creer!

Es que a muchos les resulta molesto e improcedente tanta fiesta, tanto rezo y tantas flores alrededor de la Virgen María. Parece como si Ella fuera Dios. Además, es que los grandes fervores se reducen a lo sensiblero y al colorido que ayer enfervorizaba y mañana cae en el olvido. Es una credulidad vana, huera, vacía, rodeada de apariciones, de hechos fantásticos, de leyendas sin verificar...

Cuando llegó el momento oportuno, Dios envió su Hijo al mundo. Y nace de mujer, de María. El ángel anuncia los planes de Dios. Y María responde que ella es la esclava del Señor y que todo se realice conforme a la voluntad de quien ha enviado al mensajero. En ese consentimiento de María estaba representada la humanidad entera. Igual que lo estuvo en el primer pecado. A María le tocó decir el sí en nombre de todos. Igual que Eva se negó al amor de Dios. María fue elegida porque tenía mucha fe.

Es verdad que los pensamientos de Dios son muy distintos de los que bullen en la cabeza de los hombres. Que los proyectos de Dios son diferentes a los planes de los hombres. Y que las sendas de Dios no son los caminos que se empeñan en recorrer los hombres. Dios, sin embargo, ha querido que se conocieran sus pensamientos, que el hombre entrara en sus proyectos, y que la misma vida de Dios fuera la vida del hombre: Dios se hace hombre para que el hombre pudiera vivir... como Dios manda. Cristo es la imagen visible de un Dios invisible. La profecía se ha cumplido: la joven virgen da a luz un hijo y le pone por nombre *Diosconnosotros*. La promesa se ha realizado y Dios se ha hecho hombre en las entrañas purísimas de la Santísima Virgen María.

Muchas veces lo habrás oído cantar: ¡tú eres la alegría de nuestro pueblo! Es verdad, en torno a la Virgen María hay tantas romerías y fiestas... ¿Sólo por eso? El misterio de la Virgen está muy metido en el alma del pueblo cristiano. No es de extrañar. Gracias a María llegó al mundo la gran alegría: Cristo. Por El hemos llegado a ser hijos de Dios. El papel que desempeña María en la historia de nuestra salvación es tan importante como único. Siempre, eso sí, debido a la unión y desde la gloria de su Hijo Jesucristo. Nos vemos representados en Ella. Estábamos allí hablando con sus palabras y sentíamos con sus alegrías o con sus dolores. Lo suyo es nuestro. Será porque con la encarnación de Cristo somos como una sola cosa con El y la identificación de María con su Hijo es, también, unión con sus hijos, los hermanos de Jesús. ¡Qué bueno debe ser Dios cuando tanta bondad nos hace sentir en la figura de María, la Virgen! Sí, porque Ella fue siempre, siempre virgen, para poder demostrar mejor la divinidad y la humanidad de su Hijo. Jesús es únicamente Hijo de Dios y de María, la virgen. Y mayor milagro fue que Dios se hiciera hombre que María concibiera a su Hijo en virginidad. Ella es un testigo maravillosamente creíble de las bondadosas actuaciones de Dios. Es que lo dice con su vida. Ella nos ayuda a creer, a fiarnos de Dios, nos enseña, en eficaz catequesis, cómo vivir según Dios quiere. Es como una singular y maravillosa transparencia que cuanto más se le mira a Ella más se ve a Jesús. Es un buen oficio de madre. No en vano es la Madre de Dios.

Dios hace muy bien las cosas. Sin improvisaciones. Tenía el decidido propósito de ayudar al hombre. El pecado no iba a disuadir a Dios de realizar la obra de salvación. Por muy grande que fuera la culpa, mayor había de ser la generosidad de la gracia. Cuando se trata de querer al hombre, nada puede detener la voluntad de Dios. Por eso elige a María. Y la salva. Y la redime de una forma especial. No quitándole un pecado que nunca tuvo, sino haciendo que en Ella rebosara el favor de Dios desde el primer momento de su concepción inmaculada; y todo ello en previsión de los méritos de su Hijo. Las primicias del sacrificio del Hijo serían en favor de la Madre. Así que la Virgen María fue concebida sin ese extraño pecado original. Limpia y rebosante de gracia, de bondad, de los dones del Espíritu, del favor de Dios.

¿Qué hacéis ahí parados mirando al cielo?, les dicen a los apóstoles que están absortos viendo a Jesucristo. ¿Es que debemos fijarnos únicamente en el cielo porque ya no podemos mirar a la tierra? Nuestros ojos están en el cielo no como evasión de un mundo complicado y difícil para vivir, ni como desprecio de las realidades terrenas, sino aguardando en esperanza, como signo anticipado de una tierra nueva que se nos ha prometido. Cuando al final de sus días en la tierra, María fue llevada en cuerpo y alma al cielo, se cumple lo que había comenzado en el momento de la encarnación: Dios había tomado a María en sus manos y va realizando en Ella la obra de la gracia que culmina con la asunción en cuerpo y alma a la gloria. No nos abandona. Si corporalmente había dado a luz a Jesús, el cuerpo de María había de ser glorificado.

Hay unas conclusiones gozosamente inevitables: la vida humana, la persona, tiene un valor extraordinario y único; la fe es el comienzo de la bendición final; Dios se cuida, acoge, asume por su cuenta al humilde, al débil; Dios es fiel a lo que promete; la vida entregada incondicionalmente a hacer el bien tendrá su recompensa...

Se nos había prometido una tierra distinta a la que conocíamos y también un hombre nuevo, nacido en justicia y viviendo con sus hermanos en caridad fraterna. Pero llega la prueba y el tiempo de padecer. A María se le promete que su Hijo será rey, y lo ve nacer pobre y desamparado. Se le dijo que sería Hijo de Dios, pero lo contempla humillado y escarnecido... Y, una y otra vez, María tenía que guardar en su corazón el misterio que no comprendía, pero que la llevaba a confiar más y más en Dios. Es que los misterios se comprenden mejor con el corazón que con la cabeza, pues como son tan grandes y tan sublimes...

María es un anuncio profético: lo que ha dicho Dios se cumplirá. Esa es la prueba: una mujer de nuestro pueblo ha sido elegida y elevada por Dios al cielo y, como Ella, todos los que creen en Dios y han sido redimidos por Cristo recibirán la misma recompensa. Mientras los orgullosos esperan vanos favores, los humildes no quieren otro premio que no sea el amor de Dios, pues están convencidos de que quienes confían en Dios no quedan defraudados, aunque muchas veces las apariencias engañosas quieran convencer de que más se triunfa con la presunción que con la humildad, con la injusticia que con la caridad. El secreto de María fue la fidelidad: buscar a Dios, acoger a Dios. Vivir en coherencia y lealtad entre la palabra de Dios y el comportamiento fiel a su Señor.

Si es Madre de Jesús, el hermano universal, también lo es de todos los hombres. Además, es que Cristo se la ha dejado como en herencia: ahí está vuestra Madre, dijo en la cruz. Y Juan se la llevó a casa. María estuvo siempre tan identificada con la obra de su Hijo que lo que hacía Jesús, María lo tomaba como cosa de Ella misma. Y Jesús constituyó, fundó la Iglesia. Por eso María es mediadora e intercesora, no como intermediaria. Aproxima a Jesús, lo hace más cercano y asequible.

Queremos ver a Jesús, repetía la gente en Jerusalén. También lo desea el hombre creyente. Así que acude a María para que se lo enseñe. La devoción cristiana a la Santísima Virgen María no tiene otro objeto que este «ver a Jesús». Ni sentimentalismos ni credulidad. Es la Madre de Dios, la que estuvo más cerca de Cristo en la obra de la salvación, la mujer que fue santa en su vida, la que es con todo derecho Madre de los hombres. Por eso la veneramos con un honor especial, la llenamos de amor agradecido, invocamos su nombre como intercesora y tratamos de imitar sus virtudes.

Así de sencillo, así de grande. Porque en sus palabras, las de María al ángel, el hombre ha vuelto a decir sí a Dios.

8. Es usted muy decorativo

Había terminado la ceremonia. Académica y solemnemente laica, en la que el obispo había leído su discurso de ingreso en la docta corporación. Faltaba, nada más, el consabido retrato para la posteridad. En medio de negros y muy serios vestidos de etiqueta, destacaban los violáceos tonos del hábito episcopal. Uno de los asistentes, que oyó el discurso y contempló la escena del retrato, se acerca al prelado y le felicita:

—Estoy muy contento de su pertenencia a esta sabia corporación, pues vuestra ilustrísima es tan decorativo...

Es de suponer que la Iglesia sea algo más que un elemento ornamental para la boda distinguida o para la magnificencia de representaciones y festividades. Y no parece del todo aventurado afirmar que cuando se grita, por lo bajo o con la petulancia sonora del sabidillo, «Cristo sí, Iglesia no» se esté pensando en esa iglesia de cartoné y guardarropía, ceremonial, de ecos de sociedad y que en nada se parece a la Iglesia de Jesucristo. A esa Iglesia que, con carácter espiritual e incuestionablemente religioso, es un organismo visible, formado por hombres pecadores, reconocible en sus estructuras humanas, con trigo y cizaña en su campo, compuesta por siervos que no siempre han permanecido fieles a su Señor.

Vamos a entrar en la Iglesia. Pero cuidado: no confundirla con el templo, con la casa, con el edificio. Aquí puede estar reunida la Iglesia, que son las personas, igual que podría celebrar su asamblea en descampado. Si vamos a la Iglesia, es decir, si queremos formar parte de la comunidad de los hombres que han recibido un bautismo y festejar los mismos misterios que ellos celebran, es porque queremos vivir en consecuencia con nuestra fe tal como Dios nos lo ha hecho saber en Jesucristo. Estamos bautizados no para asistir, de cuando en cuando, al edificio llamado iglesia, sino para vivir como Iglesia, dentro de esa familia, de esa comunidad que se define como una, santa, católica y apostólica.

Ahí querías llegar tú: una y dividida en mil opiniones, grupos y capillas. Y de la santidad... ¡Si yo le contara! Lo de católica y universal... pues que los musulmanes son cerca de setecientos millones, y sectas y credos los hay para todos los gustos y en todos los sitios. Los Apóstoles quedan un poco lejos, para que el hombre de hoy pueda entender lo de apostólica.

Ni dualismo, ni esquizofrenia, ni doble cara. No hay dos Iglesias: la visible y la que no se ve, la humana y la divina, la exterior y la de la intimidad mística, la espiritual y la temporal, la santa y la pecadora. La Iglesia es un cuerpo, un organismo vivo, con estructura que sostiene el pensamiento, con miembros que accionan y gesticulan. Pero los gestos no son la Iglesia, aunque se hagan en ella, ni los pecadores son la Iglesia, aunque a ella pertenezcamos y en ella busquemos la reconciliación. Que lo humano se nota mucho y lo espiritual menos, que la vanidad aparece más que el servicio desinteresado, que el poderío ha vencido en ocasiones a la humildad, que ni es virtud todo lo que reluce y en cambio puede verse mucho el oro... De acuerdo. Pero, posiblemente, no conoces la Iglesia, ni cómo es, ni mucho menos como Cristo ha pretendido que fuera.

Algunos aspectos, excesivamente humanos y demasiado visibles, pueden llevar al alejamiento, incluso al denuesto de la Iglesia. Otros se reafirman en su fe al contemplar este aspecto humano, pues les hace ver mejor la presencia del Espíritu, la mano de Dios. Si todo esto no tuviera otro apoyo que el de los hombres... ¡no sé qué cristiano podría celebrar el jubileo del año santo del dos mil!

Un apretón de manos es mucho más que un saludo. Juntar las manos con fuerza puede expresar afecto, alegría, consideración o simple cortesía. El gesto exterior indica mucho más que la simple acción externa manifestada. La Iglesia lleva a una realidad más profunda de lo que puede significar la mera pertenencia a un grupo social en medio del mundo. La Iglesia es indicativa de la unión de los hombres entre sí y de todos los hombres con Dios. Es un signo de universalidad: cualquier hombre, sin importar los datos que haya en su tarjeta de identidad, está llamado a pertenecer a la Iglesia.

Cuando veas que un sacerdote toma un pedazo de pan en sus manos y dice que es el cuerpo de Cristo; cuando le oigas esas palabras que indican el perdón de los pecados; cuando en el bautismo deje caer el agua y proclame que aquella criatura comienza su camino en una vida nueva... piensa que hay algo más que lo visible. Esos no son más que signos, gestos, palabras, señales. Detrás está Cristo. Cristo es quien habla, bendice, consagra, santifica por medio del sacerdote, de la Iglesia. Es por lo que decimos que la Iglesia es como *un sacramento*, como algo visible que señala, que indica la presencia de una realidad más importante y menos visible. La Iglesia es como «un sacramento de Cristo».

Esto es lo que distingue a la Iglesia de cualquier sociedad meramente humana: Cristo que habla, gobierna, dirige, se expresa y salva por medio de la Iglesia. Cristo que vive y que manifiesta su vida en la Iglesia. Como un cuerpo con vida, la Iglesia también tiene su alma, su principio de aliento, de empuje, de iluminación: es el Espíritu Santo. Cristo funda y constituye la Iglesia para continuar permanentemente su presencia en el mundo; igual que un día estuvo entre los hombres de una manera física e inmediata, ahora está realmente aquí entre nosotros, pero de forma distinta, «sacramental», enseñando con su autoridad, reuniendo a unos y a otros en torno a su persona. Por esa unión de todos en Cristo, los distintos hombres que forman la Iglesia constituyen una familia universal. Quizás puedas ahora comprender mejor la famosa frase de San Cipriano: «no puede tener a Dios por Padre quien no tiene a la Iglesia como madre».

Aquello fue increíble. Aunque uno era el que hablaba, cada cual lo entendía en su propia lengua. Las cosas habían cambiado. Los hombres, tan diferentes, tenían posibilidad de entenderse en un lenguaje común que Cristo daba, por medio de su Espíritu, a la gran familia humana. Y en esta familia pasa lo que ocurre en todas: que el amor no está exento de discordias y que en medio de muchos sanos hay alguno enfermo. Pero no por eso deja de ser una familia.

A la Iglesia se le conoce con muchos nombres: pueblo de Dios, madre y maestra, reino de Dios, cuerpo místico, esposa de Cristo. Y muchos más. Estos nombres, más que definir la Iglesia, expresan con figuras asequibles a nuestro entendimiento la configuración y el hacer de la Iglesia. Así, la figura de «pueblo», como grupo de personas unidas por unas vivencias de fe y con una determinada tarea que realizar en conformidad con la vocación a la que cada uno ha sido llamado. Cuando se dice que es el «reino de Dios», se entiende que en la Iglesia se realiza el proyecto mesiánico de Dios para salvar a los hombres. Es «madre» porque engendra por el bautismo, alimenta por los sacramentos. Es «maestra» porque recibe la palabra de Dios y la distribuye entre los fieles.

No vamos a jugar al *retablo* de Maese Pedro. Aquel buen hombre, de *El Quijote*, que gustaba de hacer soñar a la gente y que vieran, sin ver, en su retablo. En la Iglesia vamos a contemplar unas maravillosas paradojas que manifiestan, más a las claras, lo que es verdaderamente la comunidad de los que siguen a Jesucristo, recibiendo idéntico bautismo y celebrando la misma eucaristía. Hay unos rasgos, unas señales, unas notas que facilitan sobradamente el camino para conocer lo que es la Iglesia.

En primer lugar, sea cual fuere la idiosincrasia, el *ranking* social, la edad, el carácter, los días en que han vivido, los hombres que a ella pertenecen tienen y confiesan la misma fe, aunque las expresiones de esa fe pueden ser distintas en lo accidental. Se habla de la Iglesia española, y de la misionera, y de la del silencio, y de la de la *diáspora,* y de la que vive en la India o en Roma. Toda la Iglesia, con su fe, con sus sacramentos, con su oración, con su magisterio, con sus esperanzas, con Cristo presente, está toda en cada comunidad. Porque la Iglesia es una. Aunque viva en Corinto, Buenos Aires o, un día, en aquel planeta todavía sin descubrir.

En dinero y santidad..., la cuarta parte. Es decir: la mitad de la mitad. El refrán es bastante acertado en lo que pudiere referirse a los dineros de la Iglesia: son más bien escasos. En la santidad, no. Su doctrina es buena: su Fundador, santo entre los santos; el culto y los sacramentos llevan a Dios e inducen a los hombres a la práctica del bien. Y los hombres que componen la Iglesia, los bautizados, ¿también son santos?

Es que con eso de que una mano no se entere de lo que hace la otra, de que hay que seguir un camino de sencillez y de humildad, la publicidad de lo santo ha quedado muy limitada. Hay muchos santos reconocidos y apreciados incluso por quienes no son cristianos. La Humanidad se siente orgullosa de ellos. Así, por ejemplo, San Agustín, San Francisco de Asís, San Vicente de Paúl, Luis, Pilar, Manolo, Pepe. Los cuatro últimos están sin canonizar. Lo estarán algún día. Ahora se desviven por ser como Dios manda, trabajando de la mañana a la noche por llevar la felicidad a su familia, ayudando a los pobres, educando a sus hijos, buscando el bien y la paz y la justicia para todos, tratando de vivir según el Evangelio y alabando a Dios que les ayuda. Es posible que ni su vida ni su santidad aparezcan en el periódico.

¿Y para qué se va usted tan lejos? ¡Pues mira que no hay gente que convertir en el pueblo! Es que la Iglesia es universal. Sería un imperdonable egoísmo ocultar la riqueza que se tiene. Hay que darlo a conocer a todos los hombres porque todos están llamados a sentarse en la misma mesa en la que sirve Jesucristo. Ellos, los que no creen, nos necesitan. Pero también nosotros a ellos. Tenemos que hablarles de Dios y ofrecerles la forma de vida que aprendimos de Jesús de Nazaret. La Iglesia es así, católica, universal, para todos.

¡Es que no hemos cambiado en nada! Sí, me vas a decir que los curas visten hoy con los mismos atuendos que anteayer, que la misa se «dice» en el mismo latín, que el Papa no se mueve del Vaticano, que el día de San Antonio es fiesta de guardar o que todavía hay que confesarse por entrar en la Iglesia sin medias.

No hemos cambiado en nada. Es el mismo Jesucristo en el que creemos, el mismo Evangelio, los mismos sacramentos, la misma obligación de querer a nuestros hermanos. Tenemos un Obispo, ayer se llamaba Pedro y hoy se llama Juan Pablo. Es la misma comunidad que en la época de los Apóstoles se reunía para celebrar la eucaristía y para vivir en caridad fraterna. Total, que hemos pintado la iglesia de distinto color, pero la Iglesia continúa siendo la misma. Es que Jesucristo la fundó sobre los Apóstoles y los Apóstoles continúan viviendo, sólo que ahora se llaman Obispos.

El carácter visible, social, histórico de la Iglesia puede inducir al error de considerarla como un simple colectivo de personas con una estructuración social más o menos conseguida. Los modelos que puede prestar la sociología o la psicología de grupo no nos sirven. Ni es un organismo regentado por un cuerpo de funcionarios —que sería el clero—, ni una comunidad política con determinadas ideas —reducción a la ideología—, ni una agrupación de personas que celebran un tipo de misterios con unos determinados ritos, ni mucho menos un grupo de presión elitista con finalidades casi nacionalistas y con una estructura sumergida de fácticos y eficaces poderes.

No han sido los hombres quienes se han reunido, es Cristo quien los ha convocado; les ha dado vida y mensaje y les ha enviado por el mundo para que anuncien la venida de Cristo y su retorno en el último día. Mientras esperan, y hacen su peregrinación en este mundo, celebran la memoria de las acciones salvadoras de Jesucristo y tratan de vivir en amor fraterno.

Cristo no vino al mundo solamente para estar con nosotros un poco más de treinta años. Vino y se quedó para siempre, aunque de forma diferente. Para continuar en el mundo, El fundó, constituyó la Iglesia. Reune un grupo de gente a la que adoctrina con su mensaje, pone en sus manos el poder de realizar lo mismo que El hizo. Envía el Espíritu Santo para que les acompañe, les guíe, les mantenga en la vida que El les dio. La Iglesia, por tanto, es la obra de Jesús, la presencia continuada en la tierra del misterio de la Encarnación del Hijo de Dios. Por eso se dice que la Iglesia es «sacramento de Cristo», porque es un signo, una señal de la presencia de Jesús entre nosotros. Una comunidad visible, humana, metida en la historia, entre las culturas y los tiempos más distintos. Muy humana, pero los medios que utiliza para alcanzar sus fines no son humanos —Evangelio, sacramentos, caridad—, aunque para llevarlos hasta los hombres, para darlos a conocer necesite los vehículos adecuados. Para que la palabra de Dios sea conocida por los hombres hay que transmitírsela, y, por tanto, acudir a los instrumentos válidos para la comunicación. En la celebración de los sacramentos aparecen unos gestos visibles, una materia concreta: agua, aceite, pan. La caridad fraterna se realiza entre personas. Pero ni la palabra es el instrumento que la comunica, ni el sacramento es el agua, ni la caridad se reduce a los hombres que la practican.

—Pues mira, no hay nada en nuestros bolsillos, ni oro ni plata. Pero lo que llevamos con nosotros, dijo San Pedro al paralítico, te lo vamos a dar: en el nombre de Jesucristo, levántate. Y aquel hombre quedó curado. Cristo es el que cura, quien salva.

Enseñar, santificar y gobernar. Esto es lo que hace la Iglesia. Mas conviene dar algunas explicaciones. ¿Es que todos tienen en la comunidad el oficio de ser maestro? ¿Es que todos son doctores o profetas? ¿Son todos sacerdotes o jueces? Dentro de la comunidad-Iglesia hay oficios, funciones, ministerios diversos, muy diversos. A cada cual Dios le da una vocación y una gracia para poderla seguir. Cristo también asignó funciones distintas a los seguidores de la primera hora. A Pedro le dijo que era «la roca» sobre la que edificaría la Iglesia. A los Apóstoles les dio el poder de perdonar los pecados, de hacer la Eucaristía, de buscar discípulos por todo el mundo.

Una de las figuras más empleadas para explicar la forma de ser de la Iglesia es la del rebaño y la del pastor. Cristo es el Pastor y todos los demás somos fieles suyos. En el mundo, el Papa y los hombres en comunión con él. El obispo en la diócesis y con las personas que se le han encomendado. Hay, pues, distintos ministerios. Un orden de jerarquía, pero no tanto para mandar cuanto para servir. Ninguno es sustituto de Jesucristo, pero los sacerdotes actúan en nombre suyo. Los obispos administran los misterios de Dios en la diócesis. El Papa es el obispo de todos.

A la Iglesia se le tilda de montaje, de superestructura y organización. Que no está compuesta por ángeles, es evidente. Así que, aunque el andamiaje afee la fachada, no tenemos más remedio que utilizarlo mientras vayamos construyendo el edificio. Buen cuidado tiene la misma Iglesia de ir desmontando el andamio cuando ya no lo necesita. Es lo que llamamos renovación y adaptación, y de lo que ha sido buen ejemplo el Concilio Vaticano II. A lo largo de su historia ha tenido siempre viva la imagen de la comunidad primera, la que estuvo más cerca de Jesús y de los Apóstoles. Aquellos primeros cristianos que lo tenían todo en común, que vivían con alegría y sencillez, que escuchaban la enseñanza de los Apóstoles y compartían el pan y la Eucaristía. Eran bien vistos por el pueblo y el Señor agregaba a la comunidad a los que se iban a salvar.

Tú eres Dios, confiesa San Pedro. Y después, una y hasta tres veces, negó conocer a Jesucristo. Al final vino la gran confesión, a pesar de todo: ¡Tú sabes que te quiero! Esta respuesta tan sincera del hombre que se acordaba de su pecado, es también la declaración continua que Cristo repite a la Iglesia: a pesar de todo, Dios es fiel y yo estaré siempre con vosotros, hasta el final de todo.

«Cristo sí, Iglesia no». Imposible. Solamente se puede estar con Cristo permaneciendo dentro de la comunidad-Iglesia. El lo ha querido así. Otra cosa es la simpatía o aversión que se sienta por los eclesiásticos o por las formas de hacer y de vivir de los cristianos. Sin Iglesia —un solo bautismo, una sola fe, un solo Señor— no se puede ser cristiano, discípulo y seguidor de Cristo.

9. Es nuestra tradición

Esta es la tradición que hemos recibido: que Jesucristo, antes de morir, convirtió el pan en su cuerpo y el vino en su sangre y nos mandó que se celebrara este misterio en memoria suya hasta que El volviera en el último día. Y la Iglesia, la comunidad de los creyentes, repite, una y otra vez, que la Eucaristía es el sacramento, es la señal de la fe en Jesucristo. De un pacto, de una alianza con Dios. Dios ofrece su *presencia* viva en medio del pueblo, y el pueblo se compromete a llevar una *existencia* que hable, en obras de amor y de caridad, del misterio escondido en el que cree. Es decir, *revelar* el misterio escondido a través del lenguaje más claro: el del amor fraterno.

La Eucaristía es misterio de fe: signo de la presencia de Cristo, muerto y resucitado, que se ofrece a Dios en sacrificio para la salvación de todos, que se une al hombre en comunión, que permanece en la Iglesia con una vida escondida en el misterio, y patente en el amor con que los cristianos celebran entre sus hermanos el signo visible de la pertenencia al Cuerpo de

Cristo: en esto conocerán que sois discípulos míos, en el amor, en la caridad con que cada uno ama y sirve a su hermano.

La Eucaristía es garantía y prenda para la esperanza. Es unión entre el tiempo y la eternidad. Puente entre la primera venida del Señor y garantía segura de una resurrección futura: ésta es la sangre de la nueva alianza; el que come de este pan vivirá para siempre.

La Eucaristía es fuente de caridad. Si Dios nos amó de esta manera... No se puede reconocer a un Dios escondido sin descubrirlo todos los días en el amor fraterno. El que crea en Dios que mire también por su hermano. El que aspire a servir a Dios que se haga servidor de sus hermanos. El que más quiera honrar a Dios que conceda mayor honor a sus hermanos. No hay otro mandamiento: haced esto en memoria mía, amaos unos a otros.

La Eucaristía, pan vivo bajado del cielo, pan que alimenta a los hombres, pan multiplicado y partido en medio de la Iglesia como memoria continua de la muerte de Cristo y anuncio, que vivimos ya en esperanza, de una resurrección futura y definitiva.

Bien sabemos que los dones de Dios se han concedido, no para utilidad de unos pocos, sino para provecho de todos los hombres. Como creyentes y discípulos del Señor Jesús, queremos hacer partícipes a los demás de la gracia que hemos recibido. Por ello manifestamos públicamente nuestra fe. No como presunción orgullosa, sino como profesión humilde; no como triunfal apoteosis humillante para quienes no han recibido la misma fe, sino como reconocimiento agradecido a la generosidad de Dios que se entrega por todos; no como exhibición de una reliquia preciosa, sino como presencia viva de Cristo entre los hombres.

Cristo, el Señor, asumió nuestra naturaleza y nuestra carne, vivió en medio del pueblo, compartió la existencia del hombre y pasó haciendo el bien. Al final nos dejó una memoria tan viva de su presencia que ya, para siempre, quedará entre los hombres como en una nueva y distinta encarnación: Cristo en la Eucaristía y Cristo presente en nuestros hermanos. Tomó carne de nuestra carne, para compartir el dolor de la humanidad; tomó pan de nuestro pan y se hizo alimento de inmortalidad para todos los hombres.

Este es el misterio que celebramos. Si es fiesta del pueblo, lo es en razón de la fe que profesa en el misterio de Cristo vivo entre los hombres y que nos hace exultar de gozo y agradecimiento a Dios Padre. Si es recuerdo continuado de tradiciones, no es otro el origen sino el de la misma tradición que hemos recibido: que el Señor, antes de morir, nos ha dejado esta memoria de la pascua. Si es expresión cultural, ciertamente que el valor no procede de un fondo extraño, sino de una fe que se vive y se manifiesta dentro del acervo propio de un pueblo.

¡Esta es señal de nuestra fe! El signo puede ser variado, distinto, clamoroso o recogido, pero el contenido siempre será el mismo: el amor redentor de Dios manifestado y ofrecido a los hombres en el misterio de Cristo muerto, resucitado y presente en la Eucaristía.

Este es el sacramento de nuestra fe que queremos ofrecer y compartir con todos los hombres, pero que no sirva de fácil pretexto para celebraciones que nada tienen que ver con la fe; que no sea motivo para ofender sentimientos muy queridos; que no se pretenda sustraernos una fiesta que es nuestra: la fiesta de nuestra fe.

La Eucaristía es acción de gracias a Dios, memoria del sacrificio redentor de Cristo, presencia viva del Señor. La Eucaristía es señal de amor y, por ello, quedaría desvirtuada y ofendida la celebración del gran misterio si no llevara el amor de Dios a los hombres en gestos eficaces de caridad. No se puede pensar en una celebración de la Eucaristía que nos dejara insensibles ante la injusticia, el odio, la marginación, el hambre de nuestros hermanos. Cristo multiplicó el pan en piedad por los hombres que pasaban necesidad. La presencia de Jesús en la Eucaristía ha de recordar su misma presencia en los hermanos. Aceptar la presencia real de Cristo en la Eucaristía y negar prácticamente su presencia en los hermanos es mutilar la fe en la Eucaristía.

Hay que romper el molde, salir de una dimensión excesiva y negativamente humana de reducidos horizontes. La Eucaristía, igual que los demás sacramentos, saca al hombre de esos límites. Dios lleva al hombre a un mundo más real, más universal, más grande, más allá de las reducidas dimensiones que captan los sentidos. El peligro de alienación no está en aceptar que el hombre pueda creer en realidades que no ve, sino en negar que el hombre pueda ver más allá de lo que palpan los dedos de su mano.

Cada cual ofrece lo que tiene. Unos prometen nada más que ideologías, paraísos tan concretos como inalcanzablemente utópicos. Dios se ofrece a sí mismo. Porque no sólo de palabras vive el hombre, necesita de Pan, de ese Pan distinto que alimenta para una vida que es constante invitación a recordar reviviendo el pasado —hacer memoria—, y ahondar en las fuentes donde bebemos la fe y que anticipa la ininterrumpida fiesta del último día.

Autosuficiencia y soberbia nunca han sido buenos compañeros para entender la profundidad del misterio del hombre y del misterio de Dios. Estas cosas solamente las viven y las comprenden los sencillos, los humildes y los verdaderamente listos; es decir, los que han aprendido la ciencia de Dios. Y es que Dios vino un día a la tierra y enseñaba a los hombres con una doctrina distinta a la que hasta ahora se había escuchado de labios de otros maestros.

Dios está entre los hombres y lo hace en una forma de presencia única, original, misteriosa, cercana. ¿Y por qué no? Dios es irrepetible, original. Es Dios. Y lo hace todo nuevo y distinto: Cristo es el hombre nuevo; con El aparece el nuevo testamento; en la encarnación de Cristo se crea una humanidad nueva; la Iglesia es el pueblo nuevo; los cristianos viven el mandamiento nuevo... La presencia de Dios en medio del mundo y el Pan con que se alimentan los hombres, ¿por qué no van a ser también nuevos? Es la *novedad* de la vida según el Espíritu de Dios.

Llamados a vivir como hijos de Dios y en unidad entre los hombres, en la Eucaristía la vida de Dios se hace accesible a todos. La Eucaristía está en el corazón, en lo más íntimo, vivo y profundo de la Iglesia. Pero la vida de la Iglesia no es un maravilloso espectáculo para verlo pasar, sino la participación en los latidos del mismo corazón, con la emoción de los mismos sentimientos. No hay que hablar, pues, de lo difícil que es comprender la presencia de Dios en la Eucaristía, sino de la facilidad que Dios ofrece y de la ceguera del hombre para ver lo que es evidente con las razones del amor. Es que si tú pudieras estar metido en lo más íntimo de las personas a las que quieres,

¿no lo harías? ¿Es que si tú pudieras dejarte comer en el amor de tus hijos, ¿no te dejarías?

Siempre hay escépticos, pero no suele costar mucho trabajo aceptar la eficacia de los gestos y de las palabras de Cristo con las que realiza milagros sorprendentes: curar enfermos, resucitar a los muertos, cambiar el agua en vino, multiplicar el pan... Aquel mismo gesto, aquella misma palabra permanecen en la Iglesia; esas señales llenas de contenido son los sacramentos. ¡Vete, tu fe te ha salvado! Eras ciego y ahora ves. ¿Por qué no le vamos a creer ahora cuando nos dice que este pan es su cuerpo? Son los mismos signos, las mismas palabras. La Iglesia hace y dice lo que Jesucristo dijo y hacía. En el nombre, y con el poder que El le ha dado, es como actúa la Iglesia: haced esto en memoria mía.

En la celebración de la Eucaristía, la Iglesia anuncia, pregona, proclama en el tiempo la muerte de Cristo. Lo hace hasta el día que El vuelva. Hace presente y perpetúa el sacrificio redentor de Cristo en la cruz. Muchas son las acciones simbólicas con las que se reviste el culto, pero mayor es el contenido que los signos quieren expresar, pues es el mismo Dios el que se hace accesible y el hombre lo acoge. Queda patente, por una parte, el misterio de Cristo y, por otra, el de la Iglesia. Cristo que se entrega y permanece entre los hombres. La Iglesia recoge la memoria de su Señor y lo celebra en el tiempo en forma sacramental, como garantía del retorno de Cristo. La Eucaristía es unión con el sacrificio de la cruz y con la glorificación pascual definitiva, es ratificación íntima de la plena alianza en un singular y místico pacto de fidelidad y de amor. Dios ofrece su presencia real y mística, el hombre la representará en su propia existencia con un comportamiento ético y religioso adecuado.

Esta es nuestra fe, en esto es en lo que cree la Iglesia católica: que en la misa, Cristo, muerto y resucitado, se ofrece a Dios; que Cristo, real y verdaderamente presente después de la consagración del pan, se une a los hombres en comunión eucarística; que Cristo permanece presente hasta la destrucción de la materia física del pan.

Es obvio que Jesucristo no muere y resucita cada vez que se celebra la misa, pero sí que El se hace presente, como sacerdote y víctima, en medio de la Iglesia. No es releer un capítulo de la historia pasada, sino vivir de nuevo esa historia, pero de una manera diferente y que nosotros llamamos pascual; es decir, con la presencia del Señor resucitado en medio del pueblo nuevo que El ha redimido con su sangre.

Este sacrificio se ofrece únicamente a Dios y por todos los hombres. Asamblea del pueblo nuevo del Señor, que se reúne con la finalidad primera de realizar, con Cristo sacerdote, el memorial de la cruz y de la resurrección. Quien más participa es el que más se une al sacrificio, añadiendo al de Cristo la inmolación personal.

La unidad de fe en la Eucaristía no se rompe en la variedad de formas en que se celebra. Una sola Eucaristía, un solo sacrificio, pero distintos ritos ceremoniales, porque, al celebrarlo, llevan los hombres sus propios elementos culturales. Se parte el mismo pan y son las manos de Cristo y la misma palabra de Cristo, aunque el color de la piel o la pronunciación de los labios sean del sacerdote que, actuando en la persona de Cristo, ofrece el sacrificio.

¡Qué escándalo tan mayúsculo! Pero ¿qué dice este hombre? Esas palabras no pueden ni oírse: que su cuerpo va a ser comida y su sangre bebida. Aquellas palabras eran escandalosas. Cristo hablaba en serio. Así lo entendieron los oyentes. No era un símbolo, ni un simple cambio de significado en lo que podían ver los ojos del hombre (ahora ven pan, pero deben ver Pan), ni mero cambio de finalidad en la materia que tienen delante (el pan sirve para alimentar la vida material, a partir de este momento es fuerza espiritual); hay cambio absoluto en la esencia, en el ser: hasta ahora era pan, ahora es el Cuerpo de Cristo. Es el milagro de la Eucaristía: una forma nueva, especial, misteriosa, real, de estar presente.

En la Eucaristía, sacrificio y comunión, la Iglesia reconoce la nueva pascua, la acción de gracias a Dios que nos amó de esta manera; alaba las maravillas que Dios hace con los hombres, hace memoria de la última cena de su Señor, es memorial y promesa, sacrificio y sacramento, presencia y viático, comunión que significa y produce unidad, anuncio de la muerte del Señor, prenda de vida eterna.

Ya fue una casualidad que entre tanta gente solamente un niño dispusiera de aquellos panecillos para ofrecérselos a Cristo y que se pudiera realizar el milagro de la multiplicación. Es más que probable la sospecha positiva de que otros llevaran también pan en su alforja. Pero no quisieron fiarse de Cristo. Prefirieron la endeble seguridad de lo que tenían en la mano y veían sus ojos. Estos son los que nunca podrán ver a Cristo multiplicado en la Eucaristía: les falta esa luz que llega de la confianza en Dios. No te preocupes en perder un poco del pan de tus seguridades, que Dios te lo va a dar multiplicado con creces.

Si no vas a misa, tú te lo pierdes, decía un *slogan* con pretensiones de animar a los fieles a la participación semanal en la Eucaristía. Sí, es verdad. Pierdes algo muy importante para perseverar en la fe recibida. Pero si no vas a misa el domingo, perdemos todos.

—Y si a mí me apetece ir a misa el jueves o el lunes, ¿por qué tengo que ir precisamente el domingo?

Es que no es tu misa, sino la misa de todos: no es tu celebración particular y privada, sino la misa de la Iglesia. Somos todos juntos los que nos unimos en la misma acción de gracias.

Se dan paradojas sorprendentes: la mayor parte de la población se declara católica, apostólica... y la mayor parte de las personas confiesan que no van a misa el domingo. Les falta sentido de comunidad, de fe eclesial, de pertenencia a ese pueblo nuevo de Dios. Es muy difícil que un cristiano pueda perseverar en la fe sin participar, con la Iglesia, en lo más esencial del misterio de la fe: la memoria viva de Jesucristo.

Si no vienes a misa, poco a poco, quien te va a perder es Jesucristo.

10. Más que mil palabras

Se sufre y se padece con las alternativas del humor que llevan de la euforia al desencanto, por la inestabilidad que hace pasar del amor al desprecio sin darse uno cuenta; por el orgullo que aleja a los demás y le carcome a uno mismo; por no ver claro ni encontrarle sentido a la existencia; por el automatismo y la desgana; por la duda y el miedo; por la amargura y la tristeza...

Pues hay que encontrarle remedio, gusto a la vida, salir de esos atolladeros que amargan la existencia. A mí lo que me ha salvado han sido los buenos amigos, el estar unido a esta persona, mi buen carácter o las ideas que tengo en la cabeza. Siempre ha habido un motivo, una razón, una persona que influyó decididamente en la salvación de otra. Una ayuda que llegó por los caminos más insospechados: unas palabras amables, un saludo con buena cara, un recuerdo afectuoso en una fecha señalada...

Bastaron esas señales externas de afecto, de amistad, para que se produjera un cambio interior. Es que esos gestos exteriores llevaban a descubrir realidades más profundas. No era la sonrisa de la cara, era el afecto que se adivinaba detrás de la expresión del rostro. Es verdad que no todos esos gestos tienen la misma importancia y que hay signos que llevan un significado en un momento y que pueden tener otro distinto en situaciones diversas. Los gestos, si no se comprende bien el contenido, pueden resultar ambiguos, aunque, como decimos, valen más que mil palabras, son más eficaces.

En el Evangelio hay unos gestos de Cristo tan eficaces que llevan a la salvación a las personas necesitadas de ayuda: las palabras a la Magdalena, la mirada a Pedro, la atención que presta a Mateo, la saliva que pone con sus dedos sobre los oídos del sordo... Esas acciones de Cristo permanecen en los sacramentos. Son signos externos, visibles, que llevan la eficacia de un contenido transformador, de la gracia que comunican a quien recibe el sacramento. Dan al hombre una vida nueva. Agua que limpia y da vida, aceite que fortalece, pan que alimenta, imposición de las manos que indica la transmisión de un poder... Aquello que se simboliza en lo visible es lo que se produce interiormente. Vemos y entendemos lo exterior, lo material. Pero lo que percibimos, en virtud de las palabras y de los gestos de Cristo, toma un sentido nuevo. Esto es pan, alimento. Este pan es mi cuerpo, alimento para una vida nueva. Por los sacramentos el hombre va descubriendo su propia vocación cristiana. A cada etapa de la vida le corresponde un sacramento, a cada necesidad del cristiano responde una gracia de Dios.

El *bautismo* limpia y purifica de todo pecado, abre las puertas de la Iglesia, configura al hombre con Cristo. La *confirmación* reafirma la presencia del Espíritu, actualiza y hace más consciente la fe recibida. La *Eucaristía* es el amor permanente de Cristo significado en una nueva alianza de comunión, sacrificio, presencia, fidelidad. La *penitencia* es la aplicación del perdón de Cristo a todos los pecados de la humanidad, es el signo eficaz de reconciliación con Dios y con la comunidad de hermanos.

La *unción* de los enfermos es garantía de esperanza en la cruz de Cristo, signo de que el hombre comparte el dolor y la resurrección de Jesús. El *orden* sacerdotal es continuación ministerial del único sacerdocio, el de Cristo, puesto al servicio de la comunidad. El *matrimonio*: fidelidad indisoluble en una entrega única y recíproca. La expresión del amor incondicional y exclusivo.

Con palabras llenas de unción, los santos padres de la antigüedad cristiana —después lo ha recordado el concilio Vaticano II— decían que los sacramentos de la Iglesia habían brotado del costado abierto de Cristo. De esa herida salió sangre y agua, la gracia y la vida. Unos elementos sensibles y palpables que llevan contenidos eficaces de gracia, para que el hombre pueda formar parte y consagrarse a extender el reinado de Dios como ideal de su vida (bautismo), superar el materialismo y la esclavitud de lo inmediato y aceptar la acción del Espíritu (confirmación), trascender la reducción de los sentidos y confesar un amor y una presencia nueva de Dios, que reúne y alimenta a su pueblo (eucaristía), superar la tristeza, la limitación humana (unción), el egoísmo individualista (orden sacerdotal), la infidelidad y el desamor (matrimonio), poder vivir en esperanza permanente de reconciliación y de perdón (penitencia).

Mañana tu hijo te preguntará:

—¿Por qué me bautizasteis?

Y no va a servir la respuesta: porque así lo hacía todo el mundo, era la costumbre social, qué iba a decir la gente si no te bautizamos, sería una vergüenza para la familia...

Sí, es una costumbre que ha mantenido constantemente la Iglesia, pues entre los bautizados se forma una familia y los padres, por amor a sus hijos, querían comunicarles, cuando antes, la experiencia de su propia fe; dar a su hijo un sitio en esa familia que es la Iglesia.

Te llevamos a la pila bautismal, tendrías que decir, porque te queríamos y deseábamos darte cuanto antes todo lo bueno que en nosotros había. La fe en Jesucristo era lo mejor de nuestra vida. Tenías que nacer y vivir en el gozo del Espíritu de Dios. No digas que no contamos contigo. Sentíamos que tú deseabas a Dios. Era la llamada de tu misma inocencia. Ahora, naturalmente, te toca a ti ratificar, con plena libertad y conocimiento, aquella fe en Jesucristo que nosotros, en tu nombre, profesamos en el momento del bautismo.

Existe, en algunos ambientes cristianos, una rara vanidad en presumir de no bautizar a los hijos. Como todo el mundo lo hace, pues resulta como más moderno, como más original, como más propio de personas inteligentes y libres, el no pasar por ese rito del bautismo. Es verdad que para bautizar a un niño se requiere la fe de los padres o de los padrinos. Ahora bien, confesarse creyente en Jesucristo, y no comunicar esa fe a las personas a las que se quiere, es una extraña y dudosa forma de fidelidad al Señor y de amor a los demás.

Me invitaron a celebrar el bautismo de una persona adulta. Se trataba de una mujer procedente de otra confesión religiosa y en avanzado estado de gestación. Movida por el ejemplo de su marido, quería que el hijo fuera católico. Y ella, para estar más unida a su hijo, quería vivir, ya desde el nacimiento, la misma fe que iba a recibir su hijo. En una sola celebración recibe el bautismo, la confirmación y la eucaristía. Ahora ya podía dar a luz y bautizar a su hijo: su madre estaría completamente identificada con él. ¿Por qué me *obligaste* a bautizarme? —le preguntará la madre a su hijo—. Porque te quería, aun antes de que tuvieras edad de razón para podértelo decir con palabras.

Son misterios, sí, de la gracia de Dios. Pero misterios llenos de luz. Gestos silenciosos que hablan con más elocuencia que mil palabras.

Queremos hacer lo que Cristo hizo, repetir sus mismas acciones y decir las mismas palabras; por eso no usamos caprichosamente unas u otras fórmulas, estos o aquellos signos, sino los mismos que utilizó Cristo. Porque es siempre Cristo quien celebra el sacramento, aunque de forma ministerial lo haga otra persona. Por eso la administración del sacramento sin fe, sin un convencimiento manifestado en la práctica cristiana, se reduce a una especie de consumismo mágico en busca de una inexistente seguridad espiritual.

El Espíritu Santo aparece siempre en los momentos más importantes de la vida de Jesús: en la encarnación, al comenzar su vida pública... En la encarnación, a la pregunta de la Virgen «¿Cómo podrá ser esto, pues yo no conozco varón?», el ángel descubre el misterio del nacimiento de Jesús: será concebido por la acción misteriosa del Espíritu Santo. Al comenzar la vida pública, de nuevo el Espíritu interviene en la vida de Jesús para proclamarlo, en el bautismo del Jordán, como hijo muy amado de Dios. El espíritu Santo será su fortaleza en las tentaciones del desierto. Y el Espíritu Santo abrirá el corazón de los hombres para que puedan recibir el mensaje de salvación que Cristo predicaba.

Jesús, antes de subir al cielo, dijo a sus apóstoles: yo os enviaré al Espíritu Santo. El día de pentecostés llega el Espíritu para continuar la obra de Cristo. Los apóstoles habían quedado tristes, alicaídos, sin ilusión, llenos de miedo... Pero reciben el Espíritu Santo y se llenan de fortaleza y de alegría y de ilusión para proclamar la fe de Jesucristo.

Después de pentecostés, la Iglesia se va extendiendo, formando pequeños grupos. Los apóstoles visitaban esas primeras comunidades cristianas, oraban, imponían las manos para que descendiera el Espíritu Santo. Ahora es el obispo, un representante de Cristo y sucesor de los apóstoles, el que tiene el encargo de Jesús de gobernar su Iglesia, de ser el padre y pastor de la familia que forman todos los bautizados de la diócesis; es el obispo el que invoca la venida del Espíritu, impone las manos y señala con el óleo santo para que la gracia descienda sobre el cristiano que ya está bautizado. La confirmación es como un pentecostés personal.

La confirmación es el sacramento que da la fortaleza necesaria para ser testigos de Cristo. El pecado ha dejado su terrible huella en el hombre. Se siente la desproporción entre nuestras fuerzas y la empresa a la que hemos sido llamados. El hombre se siente débil, pobre, impotente. El Espíritu Santo viene a salvar la debilidad. La confirmación ayuda al cristiano a comprender, cada día mejor y más profundamente, lo que Jesús ha revelado en orden a la salvación.

La acción del Espíritu Santo conduce a vivir en el amor a Dios y a los hermanos y a poder participar plenamente de la Eucaristía, ya que nadie puede ponerse en comunión con Dios si antes no está en comunión con sus hermanos.

11. Retorno al amor perdido

Aquella mujer se volvía loca de alegría. Su hijo había nacido ciego. Pero los milagros de Dios y de la ciencia hicieron que el pequeño pudiera ver. ¡Me ha mirado mi hijo!, repetía una y otra vez. ¿Sabe usted lo que es para una madre que le mire su hijo?

No, no es algo inevitable, aunque los hombres creados para gozar en el mundo de libertad puedan quedar heridos por el pecado. La fatalidad, lo irremediable, no cabe dentro de los planes de Dios. La libertad del hombre y la autonomía de la creación eran lógica consecuencia para un creador justo. El hombre tendría la capacidad y la responsabilidad de poder elegir, de permanecer en fidelidad a Dios o de seguir una voluntad distinta: la del propio yo.

Es más fácil matar a Dios que reconocer la nefasta existencia del pecado. Olvidémonos de Dios y de sus mandatos. La ley suprema es la voluntad del hombre. El valor del bien o del mal lo da mi gusto o el capricho de cada momento. Es más gratificante venerar a los ídolos —vanidad, poder, egoísmo— que a Dios.

Yo soy Dios, dice el hombre, soy el que discierne, elige y adora.

Se ha roto el pacto; ha quedado olvidada la alianza establecida, pero no por mutuo acuerdo sino por la libre determinación del hombre. No quiero saber más de Dios. Ya nos lo habían dicho —¡viviréis como dioses!— y el hombre quiere libremente correr la aventura de intentar serlo.

Tampoco se puede considerar el pecado como la simple denuncia, por una parte, del convenio establecido. El pecado es volver la cara, darle la espalda a Dios, confiar más en otra persona, en otros valores, servir y adorar a otros ídolos. Es hacer mal a los ojos de Dios, despreciar la acción de Dios, tratar con injusticia a sus hijos, tener un corazón inmisericorde, acaparar el pan mientras muchas mesas están vacías, esclavizar al hombre nacido para ser libre...

Algo más, pues, que la transgresión de una norma. A quien se ofende no es a la ley, sino al amor de quien la hizo. Lo peor del pecado no es que se vaya olvidando el mandamiento, sino que se oscurece el conocimiento de Dios. Y los que un día eran hermanos, por ser hijos del mismo Padre, se odian y se matan. Ya no se entienden. Perdieron la referencia común a un amor superior; la división es continua, cada cual busca su propio ídolo, lo adora y reza con los gestos y el lenguaje que le conviene.

Al final, el juicio. El hombre libre y responsable no solamente no lo teme, sino que lo desea. Será la gran fiesta de la justicia, de dar a cada uno derecho, del reconocimiento al auténtico valor de las acciones humanas. No será tanto un juicio sobre el bien o el mal, sino sobre el ejercicio de esa libre voluntad para realizar obras de amor. El desamor colocará definitivamente al hombre fuera de la órbita de Dios. Dios es amor. La sentencia es inamovible. Y la muerte, eterna. Vivir siempre, siempre, en estado de muerte. Tremenda paradoja. Es el mal hundido para siempre en la eternidad. Hay que tomarse las cosas de Dios en serio.

Con frecuencia, el pecado se describe en la Biblia con palabras relacionadas con el matrimonio, con la familia: infidelidad, adulterio, alejamiento de la casa paterna. La reconciliación también se expresa en términos llenos del calor de las relaciones humanas: abrazo, vuelta a casa, acogida, olvido de lo ocurrido, fiesta por el nuevo encuentro. Así que la conversación, más que volver sobre los propios y malos pasos andados, es ver a Dios de nuevo. No es reconocer simplemente el desatino, sino volver a encontrarse con Dios. Lo que cuenta es Dios. ¿Sabe usted lo que es para un Padre que le vuelva a mirar su hijo? Dios ofrece continuamente la misericordia al hombre pecador, va tras él, esperando siempre, como el padre al hijo pródigo. No le pidas que sea de otra manera. El no puede olvidarse de su hijo. Tiene que ser así, misericordioso y siempre dispuesto al perdón.

Cuando los elefantes se pelean, dice un proverbio africano, quien más sufre las consecuencias es la hierba. Solamente desde un punto de vista comparativo, analógico, se puede hablar del pecado social. Siempre es el hombre, como individuo, con una responsabilidad personal, quien se aparta de Dios. Pero los efectos del pecado personal alcanzan a otros individuos, a la comunidad, a la Iglesia, a la humanidad entera. Hay como un deterioro de la valoración de las acciones humanas, un efecto multiplicador de la injusticia, una desenfrenada carrera hacia el poder o la posesión; se crean antagonismos y marginaciones, la norma del derecho no es el amor a Dios, sino el egoísmo individualizado.

Dejaos reconciliar con Dios, repite San Pablo, dejaos querer por Dios. Y Dios ha confiado a la Iglesia el oficio, el ministerio de la reconciliación. Al anunciar a los hombres que en Cristo está el perdón de Dios, lo que se proclama, y después se celebra, no es tanto el olvido del pecado cuanto el perdón y la misericordia de Dios. Por eso mucha gente no comprende y se aparta del sacramento de la penitencia, de la confesión. Ven nada más que su pecado, su falta, su caída. No tienen en cuenta a Dios. Y la confesión es rutina, consultorio, costumbre, molestia innecesaria...

¡La gente ya no se confiesa!, se escucha con frecuencia. Lo que aún queda por demostrar es si quien lo dice está constatando un dato estadístico de no frecuencia del sacramento en el número de personas que lo reciben, si se trata de una opinión teológica sobre la no necesidad de confesarse para obtener el perdón de los pecados, o si es, simplemente, una razón evasiva para autojustificarse del alejamiento personal de una práctica real de la penitencia.

Es un sacramento que ha pasado por una fuerte crisis de práctica habitual. Los motivos son numerosos: pérdida del sentido de pecado (para qué confesarme si no tengo pecados), negación de la necesidad (hay otras formas de obtener el perdón), rechazo de la mediación de la Iglesia (lo resuelvo directamente con Dios), descrédito del ministro (para que luego se case), falta de confesores, diversidad de opiniones sobre la valoración moral de la conducta, incompetencia del confesor, incomodidad del acto mismo, superficialidad, rutina, ineficacia probada de arrepentimiento y recaída en los mismos pecados, permisividad moral, laxismo...

Dios es quien perdona. Es ese perdón de Dios y su misericordia lo que se celebra en el sacramento de la penitencia. No es una declaración de pecados, sino señal de conversión a Dios. Los pecados no son perdonados como de un modo automático, sino que se requieren unas disposiciones personales que indiquen la voluntad de retorno al amor de Dios. A lo largo de la historia han podido cambiar los ritos y las formas accidentales de celebrar la confesión, pero nunca se ha dudado de que éste era el sacramento del perdón que exigía unos signos, incluso externos, de arrepentimiento y de voluntad de fidelidad a Dios. El pecado había dañado a la comunidad y la reconciliación del penitente exigía reparar, en algún modo, el daño cometido. Si se fueron perdiendo los signos de penitencia externa, fue con el objeto de garantizar el secreto sacramental.

El nuevo *Ritual* de la penitencia recoge tres formas para celebrar la reconciliación: para un solo penitente, para varios penitentes con confesión y absolución individual, para muchos penitentes con confesión y absolución general. Cada forma tiene unos valores y unos peligros. En la reconciliación de un solo penitente hay una acción más personalizada, pero el pecado puede considerarse más fácilmente como algo estrictamente privado, sin referencia a la comunidad eclesial.

La reconciliación de muchos penitentes, con confesión y absolución individual, subraya mejor el sentido comunitario del pecado y de la reconciliación, es más fácil una celebración adecuada de la palabra de Dios y de la oración. El mayor peligro puede ser la masificación y la pérdida de sentido personal del arrepentimiento, reduciendo lo individual a la simple declaración de los pecados.

Solamente en circunstancias extraordinarias, y debidamente reconocidas por la autoridad correspondiente, puede celebrarse la reconciliación de muchos penitentes con confesión y absolución general, y siempre incluye el compromiso por parte del penitente, como señal de su conversión, de confesar, en el momento oportuno, los pecados graves cometidos y ya perdonados.

Cuando Pedro bautiza, es Cristo quien bautiza; cuando Pablo perdona, es Cristo quien perdona. A los apóstoles, a los obispos, y en ellos a los sacerdotes, se les ha confiado el ministerio de la reconciliación con la eficacia de la palabra de Cristo: a quien perdonéis los pecados, les quedan perdonados. Siempre es Cristo quien perdona. El sacerdote escucha en nombre de Cristo; de ahí, también, el secreto absoluto que debe guardar el sacerdote, ya que el conocimiento que pueda tener del pecado del penitente no le pertenece a él sino a Cristo. Cristo sería el único que podría revelarlo.

Aunque en todos los sacramentos hay un ministro, hombres que lo celebran y administran, en este sacramento de la penitencia intervienen de un modo especial los elementos puramente humanos: la acogida del penitente, el diálogo sacramental, la actuación a modo de juicio... Todo ello hace que el sacramento sea como más humano, por la comunicación y el coloquio individual, pero también que sean mayores las dificultades a superar por ser tan cercanas y visibles las limitaciones del hombre.

Más allá de esos condicionamientos humanos está presente el dolor sincero por la ofensa cometida, el deseo de volver a Dios, el retorno al amor perdido. Es la contrición, el dolor que nace de una motivación de fe, de reconocimiento de Dios como el único Señor.

Y como lo que se celebra es el perdón de Dios, y no la impecabilidad del hombre, no te extrañe que puedas volver a caer en los mismos pecados que ayer confesaste. El arrepentimiento debe ser sincero y el propósito eficaz, pero no te agobies tanto pensando en ti mismo que te olvides de Dios y de su misericordia y dejes de ser instrumento de perdón. «Perdónanos como nosotros perdonamos.» Si perdonas como Dios te ha perdonado a ti... será siempre muy fácil retornar al amor perdido.

12. Toda la noche trabajando

¡Mira que toda la noche trabajando y no haber conseguido ni un solo pez...! Ahora, nada más echar las redes, es que se rompen con la abundancia de las capturas. Solamente ha cambiado una cosa: antes no estaba Jesucristo en la barca y ahora sí. Antes no había llegado la gracia de Dios.

De mil maneras distintas bendice Dios al hombre. Y con frecuencia, sin enterarnos, o prefiriendo hacerse de nuevas, o apropiándote tú el mérito que es de Dios. Ahora bien, el regalo, el más valioso e importante que Dios da al hombre, es el de sí mismo. Sí, que Dios se mete de una forma particular en la vida del hombre y le hace vivir a la manera de Dios, con la vida de Dios, con los pensamientos de Dios, con las actitudes de Dios...

Es el misterio de la gracia, de la presencia de la misma vida divina en el hombre. Difícil de comprender cuando uno se empeña en pesarlo, medirlo y contarlo con la palma y los dedos de la mano. Que las cosas de Dios necesitan otras tablas de verificación. Son los instrumentos que proporciona la fe. ¿Es que a ti nunca te ha entrado el amor de nadie en tu propia vida? Y si lo has sentido, ¿no ha transformado tu vida, se han cambiado tus pensamientos con el deseo de identificarte más con la persona a la que quieres? ¿No has sentido con sus sentimientos? La gracia es como ese amor de Dios que se mete en la vida del hombre y le hace otro distinto permaneciendo él mismo. Que por querer a tus hijos no eres persona diferente, pero sí un hombre nuevo, distinto, entusiasmado...

Con la gracia se entra en el reinado de Dios. Un acercamiento a Dios que se llama justificación. Por la acción de la gracia el hombre ha vuelto a la amistad de Dios, a ser hijo de Dios por la aplicación de los méritos de Jesucristo.

Esta es la pescadilla y la cola. Que tienes fe, pues conoces a Dios y santo remedio. Todo va de perlas. Que no tienes fe, pues a romperte la cabeza indefinidamente o tirarlo todo por la borda. Si confías en Dios, te llega la esperanza y vives en la gloria; que no ha llegado esa virtud, pues confórmate, a lo más, con permanecer indefinidamente en el limbo. Si quieres a Dios, pues... ¡ésta es la solución!

Dios sale a tu encuentro de mil maneras. A poco que abras los ojos lo puedes ver. Eso sí, no te empeñes en meterlo en un puño, porque cuanto más aprietas, más fácilmente se te escapa entre los dedos. Jesucristo ha puesto la vida de Dios muy cerca de los hombres, primero con su presencia redentora, después por la inhabitación del Espíritu prometido a quienes por el bautismo se incorporan a la familia de Dios. Con el bautismo se recibe la gracia santificante, ese maravilloso favor de Dios por el que se otorga una forma nueva de vivir, la vida espiritual, la vida de la gracia. Una vida que no solamente no va a perturbar la libertad y la vida natural del hombre, sino que le va a facilitar el poder ser libre de verdad, completamente humano. Sin ese favor de Dios, el egoísmo, el orgullo, los afanes materialistas te irán destruyendo...

Con este don de Dios, con la presencia de la gracia, se realiza como un pacto implícito con Dios. Dios no retirará su favor, pero el hombre se compromete a permanecer fiel al amor de su Señor. Dios pone en las manos del hombre, para que pueda cumplir lo prometido, las virtudes esenciales (fe, esperanza, caridad...) y los dones del Espíritu Santo, que son como una prenda para poder llegar gozosamente al final. El hombre se compromete a bien poco: a dejarse querer por Dios. E, incluso, Dios le irá dando, en el momento oportuno, unas ayudas —son las gracias actuales —para que pueda perseverar en ese amor.

Mundo y demonio van a hacer lo suyo para que el pacto se rompa. El mundo es todo aquello que ni quiere saber nada de Dios, ni mucho menos pretende amar a Dios. Dios estorba. El mundo tiene otros proyectos, otros planes distintos a los de Dios.

Y el demonio. Necesitaría un capítulo aparte. Por ahora nos contentaremos con presentarle como una nefasta fuerza espiritual empeñada en hacer que nos olvidemos de Dios.

La batalla está servida. No es que haya dos contendientes, ni dos caminos, ni dos fuerzas antagónicas. Es la batalla del esfuerzo diario para aumentar y permanecer en la gracia y el favor de Dios. Pero Dios se ocupa de sus elegidos. Nadie va a ser tentado más allá de lo que sus fuerzas van a poder resistir. Ahora bien, es importante pertrecharse con los armamentos apropiados: la oración, los sacramentos, la caridad fraterna, la alegría...

13. Vigilar y orar

El que reza se salva. Pues entonces, voy listo. ¿Quién te ha dicho a ti que no rezas? A lo mejor es que tienes unas ideas muy confusas sobre lo que es rezar. También puede suceder al revés, que te creas hombre rezador y no te hayas enterado de lo que es orar. De lo que sí debes persuadirte es que la oración constituye un duro trabajo de cada día, no es el trabajo de cada día, sino una actividad distinta y ciertamente costosa. Vigilad y orad para no caer en tentación, dijo el Señor. Para no sucumbir, para salvarse, incluso ahora, de tantos tropiezos como amenazan a diario la realización cristiana del ideal del hombre. Obstáculos que no le dejan vivir, le tienen esclavizado, condenado a la tristeza, a la desesperación, a la apatía, a las envidias, a los egoísmos.

Si orar es pedir, pues por pedir que no quede. Aunque Dios sabe bien lo que necesito y no veo por qué hay que informarle con papel oficial. Orar es pedir, y alabar, y agradecer, y suplicar perdón y, sobre todo, meterse en la mente y en el corazón de Dios y aprender a ver y a sentir las cosas como Dios las ve y las siente. Es como adquirir la mentalidad de Dios.

Como me salgan bien estas oposiciones, voy a misa durante un mes, todos los días. Pero como no apruebe, a mí no me ven en la Iglesia en jamás de los jamases. ¿Por qué no le pides a Dios que te dé fuerza para trabajar con entusiasmo y para que, pase lo que pasare, te mantengas siempre fiel a El? Lo otro es un chantaje. Mira, Señor, que te la juegas, que como las cosas no me salgan como yo quiero... La oración es meterse en el querer de Dios, no obliga a Dios a que, como el geniecillo de la lámpara, cumpla mis caprichos.

Nunca cae en el vacío. Lo que ocurre es que como Dios es eterno, la temporalidad que nosotros ponemos en las acciones —si le pido por la mañana ha de concedérmelo por la tarde— no podemos exigírsela a Dios. Esto nos desconcierta. Bien puede ser que Dios no te haya concedido la petición hoy porque ya te la había concedido antes de ayer, o llegará en el momento y forma que más convenga.

De todos modos, esa oración de «te doy para que me des» no deja de ser un poco interesada. Porque, de ordinario, no es precisamente la vida eterna y dones espirituales lo que pedimos.

A mí no me *dice* nada la oración. Naturalmente, es a Dios a quien tú tienes que *decirle* muchas cosas: alabarle con alegría y reconocer en El a tu Dios; darle gracias porque es bueno, misericordioso y tantas veces te lo ha demostrado; manifestarle el sentimiento por los pecados cometidos; pedir, que es convencimiento de dependencia, de reconocimiento de la necesidad de estar unido a El.

Y después te quejas de que Dios está lejos. ¡Si es que no le llamas, ni le hablas, ni le reconoces, ni le escuchas! El amor, o se expresa en gestos significativos, o se pierde. Es que no tengo la fe de antes... Era una fe demasiado fácil de vivir. Casi no te comprometía a nada. Ahora esa fe te exige una coherencia en ideas y comportamiento individual y social. Aquí es donde puede estar la causa del abandono: ponerse a escuchar a Dios es peligroso, exige mucho. Será mejor olvidarlo. Prescindiendo de Dios se carcome la esperanza y el amor. La oración es hablar con Dios, escucharle. Es que si dejo hablar a Dios en mí, ¿quién va a poder resistir después? Tendré que cambiar de vida, tratar a las personas de otra manera, ser más valiente en el testimonio cristiano, compartir lo que tengo con los demás, ser más fiel a los compromisos contraídos, revisar mi vida moral, escuchar el magisterio de la Iglesia, celebrar los sacramentos, querer al prójimo como a mí mismo...

Se reza con la mente y con los labios. No es una oración distinta. Es hacerla de manera diferente. En la oración vocal se alaba, se pide, se dan gracias. En la mental, trata el hombre de ponerse en el corazón de Dios y que Dios se meta en el corazón de uno mismo. Es una sintonía de mente y de corazón. Dios lo hace posible. Nos pone en su vida y después, solamente después, ordenamos la nuestra.

No seáis como los paganos que se creen que la fuerza de la oración está en los gritos y que Dios oye al que lo haga más fuerte. La fuerza es el amor y la esperanza fiel que se pone en el corazón. Los otros clamores son más llamada de atención hacia uno mismo que deseo de ser escuchado por Dios. Que se me vea y se me oiga a mí, aunque mi oración no llegue a Dios. El orgullo, la presunción, el ostentamiento, alejan de

Dios. La humildad y la gratitud acercan al Señor. Quien se humilla será enaltecido y escuchado.

Aunque se haga corporativamente, en grupo, en comunidad, la oración es siempre personal y unida a la plegaria de Cristo. Lo que puede cambiar es el rito de la oración oficial, el ministro que la dirige, la normativa por la que se rige. Puede ser la oración pública y privada, litúrgica, participada, interior y exterior, y casi de tantas formas diferentes como variados son los individuos que rezan.

Durante la procesión del viernes santo en Castilla el ambiente es sobrecogedor. Pasa la Virgen de los Dolores. ¡Qué silencio! ¡Qué gestos tan medidos, qué sobriedad, qué recogimiento! A esa misma hora, Sevilla es un trueno. En la esquina de cualquier calle va a aparecer el paso de palio sobre el que viene, rebosante de flores y de luces, la imagen de la Virgen María. Y la gente se desata en piropos, en palmas, en lloros. Y es la misma oración de gratitud y alabanza a Dios por habernos regalado como madre a María: allí se reza en silencio, en el otro sitio con piropos y haciendo palmas. Es el mismo Dios quien lo escucha y sabe interpretar muy bien los gestos, las palabras, las actitudes, los signos con que el hombre expresa sus sentimientos religiosos.

Lo que importa es la sinceridad: que no sean palabras vacías, sin sentido, ni vividas, ni dichas con el deseo de que se cumpla lo que se canta o se dice en el silencio. La sinceridad en la oración comporta el sentirse implicado en lo que se reza. Identificarse con las expresiones y las palabras que se dirigen a Dios. Sí, dirigidas a Dios. No puede haber otro destinatario. A María y a los santos les pedimos intercesión y honramos su virtud con devota memoria, pero la oración siempre se dirige a Dios.

En el nombre de Jesús. El es mediador. Es el hermano. Es quien hizo la mayor y la más eficaz de las oraciones: la del sacrificio de la cruz. Es garantía de eficacia: lo que pidáis en mi nombre, el Padre os lo concederá.

Y se insiste en la perseverancia. No porque la oración, sobre todo la de súplica de dádivas, haya de ser machacona e insistente, sino por la necesidad de orar siempre, sin detenerse nunca. Bien sabemos que no se puede estar constantemente diciendo oraciones, elevando las manos al cielo, o haciendo gestos externos de súplica y alabanza, pero hay una actitud permanente en la vida de estar en la voluntad de Dios, de ofrecimiento a Dios, de unión con Dios en todos y cada uno de los momentos de la existencia. De todas formas, hagáis lo que hagáis, hacedlo para honra de Dios, decía San Pablo.

Ha llegado el momento de poner los inconvenientes: no tengo tiempo de rezar, Dios no me escucha, soy malo, los que rezan mucho no son precisamente las mejores personas, me aburro en la Iglesia, no sé rezar, para qué pedir si Dios sabe lo que necesito, la experiencia me dice que no se consigue nada...

La respuesta a todas estas objeciones es casi única: hace falta una cura de sinceridad. La razón, el verdadero motivo por el que el hombre no medita, no reza, no hace oración, está en que tiene miedo a presentarse ante Dios. No porque crea que Dios le va a castigar, sino porque sabe que le va a exigir, que le va a complicar la existencia, que le va a pedir que cambie tantas cosas en su vida. Esta es la verdadera razón. Lo demás son explicaciones para irse autoengañando. Por eso, para que la oración sea eficaz hay que acudir a ella en disposición humilde y pobre. Reconocer que Dios lo es todo y que el hombre necesita de Dios. Que la oración no es para dar lecciones a Dios de cómo tiene que hacer las cosas y ordenar el mundo, sino para ponerse a disposición de Él.

¡Señor, enséñanos a orar!

14. ¿Quién ha tenido la culpa?

¿Quién ha tenido la culpa de ese dolor que aflige al hombre y que no le deja vivir? Ese dolor tiene nombres y apellidos. Se encuentra visible y evidente en hospitales y centros asistenciales. El dolor que no se ve es, con frecuencia, más lacerante y tiene menor consuelo. ¿Quién ha tenido la culpa de tanto sufrimiento? ¿Por qué no presentamos el problema de otra manera? ¿Quién es el que puede remediar el sufrimiento?

Esto es un no vivir. Siempre aguardando un día mejor. Una solución prometida. Un extraño mesías que no acaba de llegar. Mientras tanto, se va uno muriendo... o ¡resucitando! Mañana será otro día, lo decimos no como evasión, sino como aliento para vivir conscientemente y con todas las consecuencias el día de hoy. Mañana será otro día mejor, porque el trabajo de hoy va dando su fruto. Existe, naturalmente, un deseo, no de que esto acabe, sino de que el mundo se perfeccione y el hombre sea completamente feliz.

—Aquí somos tan pobres que para perder a nuestros hijos no hace falta que se mueran. Los perdemos en la emigración...

Siempre aguardando que regresen y, mientras tanto, el dolor de la separación y la esperanza del retorno que no llega...

¿Quién puede remediar el dolor de los hombres? ¿La muerte? ¿El olvido y la evasión? ¿Exacerbar ese mismo dolor y gozar con lo que hace sufrir? ¿Cristo? Si el dolor, como se dice, es un espejo en el que se refleja el pecado, el mal, el camino para superar el sufrimiento habrá que buscarlo más allá de unas razones inmediatas, aunque una cosa es que encontremos razones para superarlo y otra el que sean razonamientos para una explicación convincente. Para esos ancianos, el recuerdo de los hijos, a los que había llevado lejos la necesidad del pan de cada día, era un constante motivo de sufrimiento. Pero ese mismo dolor les mantenía vivo el recuerdo de sus hijos, de los que más querían. También ese sufrimiento expresa una esperanza: un día nos volveremos a ver. Si se les quita el recuerdo que les aflige, se pierde la última ilusión de vivir. No le quitéis ese dolor, ayudadle a vivirlo, a transformarlo, a que el sufrimiento se haga esperanza. Un amor sin cruz es un querer muy efímero, muy poco convincente.

Ni la blasfemia, ni el descreimiento, ni la evasión egoísta van a ser una solución. Al contrario, aumentarán más el tormento de tener que sufrir lo incomprensible. Desde nuestra fe se contemplan unos principios fundamentales que ayudan a comprender y a vivir el enigma del mal en el mundo. Pero sin demasiados optimismos. Hay temas y situaciones que no se comprenden. Quizá mañana tengamos más luz sobre ellos. También puede ser que no lleguemos nunca, en esta vida, a su exhaustivo conocimiento. Lo cual no quiere decir que no sean una realidad patente y que no tengan una razonable explicación. Más lógico es pensar en la limitación de la inteligencia humana. Entre esas verdades en las que creemos está, como un pilar inconmovible, el convencimiento de que Dios es bueno, que es la bondad infinita y que hizo al hombre «a su imagen y semejanza», es decir: Dios hizo al hombre bueno. Por el pecado, el hombre deterioró en sí mismo esa imagen de bondad. Pero Dios no se conforma con ese deplorable estado del hombre, sufre con el sufrimiento humano y envía a Jesucristo como Redentor, que pasa por este mundo haciendo el bien y aliviando con su sangre la cruz de todos los hombres.

Cristo, con su muerte y resurrección, vence a la muerte y al mal, da nueva luz y abre nuevos caminos de esperanza a la historia de los hombres en la seguridad de que toda lágrima será enjugada, aunque el modo de curar el llanto sea muy distinto del que cree eficaz el hombre. Para los que aman a Dios todas las cosas conducen al bien. El dolor y el sufrimiento son como un anticipo, un acercamiento a la muerte... Y a la resurrección. El cuerpo se va como partiendo y dejando ver la hendidura de su fragilidad para que pueda ser colmada con la abundancia del amor de Dios. La muerte tendría que ser la gran amiga del hombre, pero es su espanto y la aborrece porque se hace más incomprensible la existencia terrena.

Del libro de las *Confesiones* de San Agustín:

«Cuando ya se acercaba el día de su muerte, viendo que estábamos aturdidos por la tristeza nos dijo:

—Enterrad aquí a vuestra madre.

Yo callaba y contenía mis lágrimas, mi hermano dijo algo referente a que él hubiera deseado que fuera enterrada en su patria y no en país lejano. Ella lo oyó y, con cara angustiada, lo reprendió con la mirada por pensar así, y mirándome a mí dijo:

—Mira lo que dice.

Luego, dirigiéndose a ambos añadió:

—Sepultad este cuerpo en cualquier lugar; esto no os ha de preocupar en absoluto: lo único que os pido es que os acordéis de mí ante el altar del Señor en cualquier lugar donde estéis.»

En unas palabras, también hermosas, pero desde otra sabiduría, el místico advertía a quienes estaban a su lado:

—Cuando muera, no busquéis mi tumba en parte alguna de este mundo, pues quiero que mi recuerdo permanezca vivo en el corazón de las personas que me han conocido.

Nada puede con la vida, ni siquiera la muerte. El hombre está destinado a vivir. Cambiará la apariencia y el estado de esa persona que subsistirá más allá de los umbrales de la muerte. Las obras buenas que el hombre hizo le acompañarán, y también permanecen en este mundo. Serán prenda de valor para inclinar la balanza del juicio y mérito para el reconocimiento y la generosidad del premio. Y si el hombre desapareció a la vista de los otros hombres, la huella de su vida ha quedado grabada indeleble en los caminos por donde ha pasado, pues la justicia, la misericordia, la bondad, permanecen bien hundidas en el surco para que puedan seguir dando fruto de bien.

Después, en el final que es comienzo de un tiempo sin fin, ya no podremos encontrar ni llanto ni dolor.

Aquel mundo ha pasado. Hay una ciudad nueva en la que brilla con luz meridiana la razón de todas las cosas. Se colmarán todas las ansias y deseos. Es la victoria final de Dios. El Creador puede encontrarse, otra vez, con el hombre tal como un día lo creara con sus propias manos y llenarle de la propia vida divina; y se verá a Dios no como en un espejo, sino cara a cara.

Nos preguntaremos unos a otros: ¿Dónde hemos visto antes este magnífico rostro? Y Cristo, siempre ya a nuestro lado, nos responderá con las palabras que un día nos dijo junto a la mesa: el que me ve a mí, ve a mi Padre, ve a Dios.

15. El origen y el final

Como al final de la gran sinfonía, un cántico a la amistad, a la alegría, a la esperanza.

Vosotros no podéis ser como los que no tienen fe.

San Pablo se lo había advertido a Timoteo: llegará un tiempo en que los hombres no soporten la buena doctrina y buscarán otros maestros. Tú soporta los sufrimientos que conlleva la evangelización.

¡Qué tiempo nos ha tocado vivir! ¿Tenemos que conformarnos con que sean así las cosas? No. Pero tenemos que aceptar una realidad y unas personas tal como existen. Es el primer paso para edificar un mundo nuevo.

Ni queremos llamar bueno a lo que no lo es, ni dejarnos llevar de la debilidad ante el esfuerzo, ni habituarnos a convivir con la injusticia. Pero tampoco tomar la vida como una carga insoportable que todos los días nos amenaza con aplastarnos. Todo lo podemos en aquel que nos conforta.

La actitud del cristiano no es de desesperación ante el mal, sino de asumir la responsabilidad de ser instrumento de esperanza. Aceptar a Dios como es —como origen y como destino—, presente en Cristo, paciente y sufrido, que insultado no responde con insulto, que al padecer no amenazaba, sino que se ponía en manos de aquel que juzga con justicia.

Aceptarse uno mismo. Es lo más difícil. Sin envidias, sin comparaciones. Recibiendo los talentos, uno o cinco, como bien de Dios y haciéndoles fructificar, que es lo que importa, en servicio de los hermanos.

El sembrador había dejado la buena semilla en tierra, pero llega el maligno y pone cizaña. Hay que estar vigilantes para que el mal no caiga en nuestro campo. Y para que no llegue el resentimiento y la amargura y se lleven —al querer arrancarlos— el trigo y el buen trabajo realizado.

Nosotros tenemos que dar un paso más: amar la vida. Una vida con pruebas de dentro y de fuera: soportando y emprendiendo. Es vivir el misterio de la encarnación del Hijo de Dios. La presencia de Cristo en nuestra vida y en nuestro tiempo.

Dios es el bien, el sumo Bien. La bondad, la justicia. Si hemos mirado a Dios, ahora vamos a mirar al mundo: violencia, miseria, dolor. ¡Pues sí que tiene el mundo aspecto de que Dios se cuide de él! A pesar de todo seguimos mirando a Dios y vemos que Dios continúa siendo bueno aun allí donde no comprendemos su bondad.

San Pablo corrige a los romanos sus defectos, pero, al mismo tiempo, les recuerda: «estáis llenos de bien.» No podía ser de otra manera: somos «hechura» de Dios. Si tú hubieras podido hacer a tu hijo...

Reconocemos el mal, pero estamos convencidos de que solamente podremos vencerlo a fuerza de bien. La bondad no significa ni debilidad ni pereza, ni ahogar a los demás en paternalismos dominantes. La bondad significa *descubrir a Dios* presente en nuestra vida y disfrutar de su presencia. Es *reconocer al hombre* su capacidad de bien. Es disfrutar con el bien que Dios ha concedido a los demás. Lo contrario es la envidia que se resiste a aceptar y gozar con la presencia del bien. La bondad tiene que ser fuerte y profunda; si no, se reduce a compartir sentimientos: «no amemos de boca, sino con obras».

—De dónde nace todo esto: de la Redención. Cristo se entregó a la cruz.

El Señor ha sido bueno con nosotros y estamos contentos. Que no te pregunten por otras razones, pues aunque pudieran servirte para explicar el contenido, no llevarían a conocer la causa. Dios es el origen y el final. En El se consuma la realización plena del hombre. En El está lo permanente y su reino ya ha comenzado. El es el final y fue el primero en amar. Así que quien ame a Dios, que quiera también a su hermano...

... Y el hombre fue recorriendo los caminos del mundo, unido en la paz con sus hermanos, y bendiciendo a Dios, porque ya lo conocía mejor.

16. Al amor de lo invisible

Quiero conocer mejor a Dios, ¿qué debo hacer? Al terminar de leer este libro, lo ideal sería que continuara en pie la misma pregunta, que no se hubiera apagado el deseo de conocer, de acercarse más a Dios.

La fe, el misterio de la Trinidad, el hombre, Cristo, María, la Iglesia, la Eucaristía y los sacramentos, la reconciliación y la gracia, la oración, la esperanza... quieren acercarnos al conocimiento, al amor de Dios.

—¿Y para eso me has hecho venir desde tan lejos?, le dice Naamán al profeta, desilusionado por la simplicidad del remedio para curar la enfermedad.

Esperaba el espectáculo de las grandes invocaciones, de los ritos mágicos... Y por todo remedio para curar la lepra le dice que se bañe en el río.

Sólo Dios es Dios. Pero con la fe se aprende a querer a Dios; el misterio se hace luz para ver mejor a Dios; el hombre refleja ante los hombres la imagen de Dios; Cristo es Dios y camino para que los hombres se acerquen a Dios; María es la madre de Dios y bienaventurados serán los que como Ella se fiaron de Dios;

la Iglesia es el Pueblo nuevo de Dios; los sacramentos comunican al hombre la gracia, le hacen partícipe de la vida de Dios; el pecado aparta de Dios y en la penitencia se recobra la amistad con Dios; en el principio estaba Dios y al final estaremos con Dios.

Los limpios de corazón son quienes ven a Dios. Porque Dios ha querido manifestar las cosas grandes a la gente humilde. Dios ha querido que le conociéramos en Jesucristo. No hay otro camino. Por eso, el quehacer del hombre que desea acercarse sinceramente a Dios ya no puede ser otro que el conocimiento y el amor a Jesucristo. Ir por este mundo como recogiendo las huellas que Jesús dejó a su paso por la tierra. Que de la contemplación de lo visible, El nos llevará al amor de lo invisible.

Colección Documento

Últimos títulos publicados:

132/Pedro Baret
MI VERDAD Y ALGO MÁS
133/AA. VV.
LA PRIMERA VEZ
134/Enrique Rubio
LA TIMOTECA NACIONAL
135/Marcelle Padovani
VIVIR CON EL TERRORISMO
136/Eduardo Gamir
PITITO Y OTRAS GENTES DE BIEN VIVIR
137/Antonio Ribera
EN EL TÚNEL DEL TIEMPO
138/Rafael García Serrano
BAILANDO HASTA LA CRUZ DEL SUR
139/Mercedes Formica
ESCUCHO EL SILENCIO
140/Fernando Sánchez Dragó y otros autores
FINISTERRE
141/Andreas Faber-Kaiser
LAS NUBES DEL ENGAÑO
142/Margarita Rivière
LA GENERACIÓN DEL CAMBIO
143/Stanley G. Payne
EL CATOLICISMO ESPAÑOL
144/Shlomo Ben-Ami
LA DICTADURA DE PRIMO DE RIVERA. 1923-1930
145/F. Jiménez del Oso
EL SÍNDROME OVNI

146/Enrique Meneses
UNA EXPERIENCIA HUMANA... «ROBINSON EN ÁFRICA»

147/Andreas Faber-Kaiser
FUERA DE CONTROL

148/Andrés Carabantes
BALANCE Y FUTURO DEL SOCIALISMO

149/Charles Berlitz
LA ATLÁNTIDA, EL OCTAVO CONTINENTE

150/Antonio Ribera
GALERÍA DE CONDENADOS

151/David A. Yallop
EN NOMBRE DE DIOS

152/Joaquín Lizondo Fernández
EL FIN DEL MUNDO PARA EL 85

153/Edward A. Feigenbaum y Pamela McCorduck
LA QUINTA GENERACIÓN

154/Plinio Mendoza
LA LLAMA Y EL HIELO

155/Carlos Fisas
HISTORIAS DE LA HISTORIA/Segunda serie

156/Joan Llarch
NEGRÍN

157/Ricardo Parrotta
¡POBRES LOS RICOS!

158/Óscar Raúl Cardoso, Ricardo Kirchsbaum
y Eduardo van der Kooy
MALVINAS: LA TRAMA SECRETA

159/Ronald W. Clark
FREUD

160/Daley Thompson y Sally Ann Voak
CÓMO ESTAR EN FORMA

161/Aulas de Humanismo Juan Luis Vives
LO QUE EL CAMBIO SE LLEVÓ

162/Alfonso Ussía
SIN ACRITUD

163/Ignacio Puche
HOMBRES PARA LA ALTERNATIVA

164/Pilar Eyre
VIPS

165/Gerald Durrell
LOS SABUESOS DE BAFUT

166/Jimmy Giménez-Arnau y Mauricio López-Roberts
LAS MALAS COMPAÑÍAS

190/Gerald Durrell
CÓMO CAZAR A UN NATURALISTA AFICIONADO
191/Nous Horitzons
NUESTRA UTOPÍA
192/Jimmy Giménez-Arnau y Eduardo Bronchalo Goitisolo
NEÓN EN VENA
193/Michael Drosnin
CIUDADANO HUGHES
194/Isaac Asimov
SOLES EN EXPLOSIÓN
195/Margarita G. Heuras y Luis Halcón
EL SÍNDROME PREYSLER
196/Christopher Robbins
AIR AMERICA
197/Ramón Garriga Alemany
FRANCO-SERRANO SUÑER
198/Sydne Rome
MUÉVASE
199/Emilio Romero
TESTIGO DE LA HISTORIA
200/Mina Pedrós
LA MESA DE LA FAMA
201/Carlos Fisas
HISTORIAS DE LA HISTORIA/Cuarta serie
202/Francis Fèvre
LA FARAONA DE TEBAS
203/Rai Ferrer (Onomatopeya)
100 ESPAÑOLES DE LA RAZÓN Y LA ESPADA (1931-1939)
204/C. David Heymann
POBRE NIÑA RICA
205/Enrique Sordo
ESPAÑA, ENTRE TRAGO Y BOCADO
206/Ernest Hemingway
PUBLICADO EN TORONTO, 1920-1924
207/Linus Pauling
CÓMO VIVIR MÁS Y SENTIRSE MEJOR
208/Gerald y Lee Durrell
DURRELL EN RUSIA
209/Steven Callahan
A LA DERIVA
210/Jean-François Boyer
EL IMPERIO MOON
211/Frederic V. Grunfeld
PROFETAS MALDITOS

212/Manuel Vázquez Montalbán
LOS DEMONIOS FAMILIARES DE FRANCO

213/Peter Evans
ARI. LA VIDA DE ARISTÓTELES SÓCRATES ONASSIS

214/Juan Antonio Vallejo-Nágera
ANTE LA DEPRESIÓN

215/Dámaso Santos
DE LA TURBA GENTIL... Y DE LOS NOMBRES

216/Enrique Rubio
LOS «CHUNGOS». LOS FULES

217/Carlos Amigó, arzobispo de Sevilla
QUIERO CONOCER MEJOR A DIOS